NOVVELLES TRANSACTIONS ADIOVSTE'ES,

INTERVENVES,

SVR DIFFERENTES ET NOTABLES QVESTIONS.

Par M. ESTIENNE CORROZET, *Notaire* & *Garde-Nottes au Caſtelet de Paris.*

SECONDE PARTIE.

A PARIS.

Chez GERVAIS CLOVZIER, au Palais, ſur les degrez de la ſainte Chappelle, à la ſeconde boutique, à l'enſeigne du Voyageur.

M. DC. LXV.
Auec Priuilege du Roy.

SVR LA CONTINVATION
de Communauté, à faute d'Inuentaire solemnel.

VRENT preſens **A.** mary de defuncte Barbe d'vne part, & **B.** & **C.** gendres & enfans dudit **A.** & de ladite defuncte leurs pere & mere, d'autre-part. Diſans les parties qu'elles eſtoient en procez au Chaſtelet de Paris, ſur ce que ledit **A.** n'ayant fait faire inuentaire valable apres le deceds de ladite Barbe, ayant conuolé en ſecondes nopces auec Iacqueline, & pendant cette ſeconde Communauté ayant fait pluſieurs acquiſitions, entre autres de la moitié d'vne maiſon ſciſe ruë de Ioüy, dont l'autre moitié auoit eſté acquiſe pendant la premiere Communauté, vne ferme ſciſe à Angers, & deux cens liures de rente à eux conſtituée par Balthazar, leſdits enfans du premier lict ſouſtenoient que leſdites aquiſitions auoient eſté faites des deniers & biens de ladite premiere Communauté qui auoit touſiours continué, & eſtoit entrée & confuſe en la ſeconde, & par conſequent auoient

leur part efdites acquifitions, qui eft la tierce
partie au total d'icelles : Qu'ils y eftoient fondez par droict & couftume. Aquoy par ledit
André & fa feconde femme eftoit dict qu'inuentaire auoit efté faict des biens de ladite
premiere Communauté : Qu'il eftoit veritable que ledit inuentaire n'auoit efté fait
que cinq ans apres le deceds de la premiere
femme, mere defdits enfans ; mais que toutes lefdites acquifitions auoient efté faites po-
fterieurement audit inuentaire, excepté ladite moitié de maifon ruë de Ioüy, dont il
n'auoit payé que moitié du prix lors du contract, & qu'en la Couftume d'Aniou continuation de Communauté n'auoit lieu. D'ailleurs que lors du deceds de ladite Barbe,
l'eftat de leur bien & affaires eftoient affez
notoires à leurs parens & voifins ; de plus
que par le contract de mariage d'entre luy
& ladite Iacqueline, il appert qu'elle luy a
apporté en mariage la fomme de fix mil liures en deniers comptans, qui ont efté em-
ployez efdites acquifitions. Confequemment
que lefdits enfans eftoient non receuables ;
Replique par lefdits enfans que ledit inuentaire n'eftoit valable, ains nul de toute nul-
lité, daurant qu'il n'a efté fait qu'entre ledit
André & Iacqueline fa feconde femme la
veille de leur mariage, & en confequence
de leur contract, où n'a efté appellé aucun
parent defdits enfans, & fans auoir efleu tuteur ny fubrogé tuteur, ny autre legitime

contradicteur pour eux, inuentaire non clos:
Que la continuation de Communauté faute
d'inuentaire solemnel & valable, est vn droict
certain & necessaire, receu & obserué estroi-
rement par toute la France ; que si quelques
coustumes n'en disposent point, aussi ne sont
elles prohibitiues. Et en ce faut suiure la raison & équité, & la Coustume de Paris, aussi que ledit A. & sa seconde femme n'estoient
receuables à alleguer que l'estat du bien &
affaires de la premiere Communauté estoit
notoire, que la preuue ne s'en peut faire
que par vn vray inuentaire, & d'en croire
les témoins ou le suruiuant ou les heritiers,
seroit chose de dangereuse consequence : Aussi
d'alleguer l'argent que ladite Iacqueline a apporté au second mariage ; ledit A. & elle y
sont moins receuables, dautant qu'ils ont peu
mettre & écrire en leur contract de mariage
ce que bon leur a semblé, possible qu'elle
n'y a rien apporté, que c'est vne preuoyan-
ce premeditée, afin d'enrichir la seconde
Communauté aux despens & au preiudice de
la premiere : Que pour la raison de l'oubly
ou la tiedeur de l'affection des peres & me-
res vers leurs enfans des precedans licts &
allechemens d'vn second mariage, l'Edict
des secondes nopces a esté faict. En vn mot,
ce sont les biens de deux Communautez, qui
sont entrez l'vn dans l'autre ; & sont telle-
ment confus qu'il est impossible des les pou-
uoir distinguer & rapporter à chacune Com-

munauté ce qui luy en appartient , & con-
cluoient lefdits enfans à ce qu'inuentaire fuft
à prefent fait de tous lefdits biens, pour eftre
le tout partagé par tiers ; faifant lequel il fe
trouuera monter plus de quatre-vingts mil liures. Or defirans les parties terminer & affoupir ledit procez , éuiter les grands frais &
vexation & entretenir la paix, qui doit eftre
entre fi proches , & le refpect des enfans
vers leur pere, elles ont par l'aduis de leurs
parens, amis & confeil , fait & accordé à l'a-
miable, ce qui enfuit par forme de partage :
CEST ASÇAVOIR, que aufdits enfans fera, demeurera & appartiendra franchement
& quittement de toutes debtes le total de
ladite maifon fcife ruë de Ioüy , dont vn quart
leur appartient de leur chef comme heritiers
de ladite defuncte Barbe leur mere, vn autre
quart audit André, à caufe que la moitié d'i-
celle maifon a efté acquife par ledit A. pendant le mariage de luy & ladite Barbe , &
l'autre moitié aufdits A. & Iacqueline fa feconde femme , au moyen de l'acquifition
qu'ils en ont faite enfemble. Pour du total
de ladite maifon , comme elle fe comporte,
iouyr , faire, & difpofer par lefdits enfans,
leurs hoirs & ayans caufe , ainfi que bon leur
femblera , & comme à eux appartenans, à
commencer toutesfois ladite iouyffance du
iour de Noël prochain feulement en auant,
& à toufiours : Et aufdits A. & Iacqueline fa
feconde femme ; fera, demeurera , & appar-

tiendra ladite ferme scise à Angers, la rente de deux cens liures , & tous les autres biens de leur Communauté presens & aduenir, fruits, reuenus & interests de tous lesdits biens & rentes, mesmes tous les meubles , debtes acti-ues & effets de ladite premiere Communau-té, à quelque somme que le tout se puisse mon-ter , sans aucune chose en excepter ny reser-uer par lesdits enfans pour de tout iouyr, fai-re & disposer par ledit A. & Iacqueline sa femme leurs hoirs & ayans cause, &c. à la charge de par eux acquitter lesdits enfans de toutes debtes & hypoteques , frais fune-raux , & charges de ladite premiere Com-munauté ; dont de tout ce que dessus delaissé de part & d'autre , les parties promettent respectiuement ne iamais s'en inquieter ny rechercher l'vn deux l'autre ; ce faisant se sont lesdites parties mises hors de Cout & de pro-cez : car ainsi, &c. & a ledit A. declaré que nonobstant le procez cy-dessus il n'ayme pas moins lesdits enfans du premier lict que ceux du second lict, & n'a pas intention de faire plus d'auantage ny faueur aux vns qu'aux au-tres ; & les prie tous & sa femme aussi de vi-ure en paix, vnion & concorde, & que le present contract est tres-iuste & raison-nable.

leur part efdites acquifitions, qui eft la tierce
partie au total d'icelles : Qu'ils y eftoient fondez par droict & couftume. Aquoy par ledit
André & fa feconde femme eftoit dict qu'inuentaire auoit efté faire des biens de ladite
premiere Communauté : Qu'il eftoit veritable que ledit inuentaire n'auoit efté fait
que cinq ans apres le deceds de la premiere
femme , mere defdits enfans ; mais que toutes lefdites acquifitions auoient efté faites po-
fterieurement audit inuentaire , excepté ladite moitié de maifon ruë de Ioüy, dont il
n'auoit payé que moitié du prix lors du contract , & qu'en la Couftume d'Aniou continuation de Communauté n'auoit lieu. D'ailleurs que lors du deceds de ladite Barbe ,
l'eftat de leur bien & affaires eftoient affez
notoires à leurs parens & voifins ; de plus
que par le contract de mariage d'entre luy
& ladite Iacqueline , il appert qu'elle luy a
apporté en mariage la fomme de fix mil liures en deniers comptans , qui ont efté em-
ployez efdites acquifitions. Confequemment
que lefdits enfans eftoient non receuables ;
Replique par lefdits enfans que ledit inuentaire n'eftoit valable , ains nul de toute nul-
lité , dautant qu'il n'a efté fait qu'entre ledit
André & Iacqueline fa feconde femme la
veille de leur mariage , & en confequence
de leur contract, où n'a efté appellé aucun
parent defdits enfans, & fans auoir efleu tuteur ny fubrogé tuteur , ny autre legitime

le pouuoit prerendre au recelé cy-deſſus,
quelle rendroit & rapporteroit le tout, & par
corps, condamnée en tous deſpens, dommages & intereſts, & autres peines qu'il plai-
roit à Iuſtice. De laquelle procedure ladite
Iacqueline ſe ſeroit portée appellante en la
Cour de Parlement, où elle diſoit & ſouſtenoit que cette procedure eſtoit extraordinai-
re & iniurieuſe, Que quãd bien y auroit vn recelé, que non, elle ne pouuoit eſtre conuenuë criminellement, que c'eſtoit deshonno-
rer le mariage, que les veſues repreſentans
les maris, ioüyſſent de leurs priuileges, qu'il
eſt de droiĉt que les heritiers du mary doiuent leur porter reſpeĉt & honneur, pour la
memoire de celuy auquel ils ſuccedent, qu'il
y va de l'intereſt public, que telle procedure
procede de la paſſion & inimitiez ordinaires
des heritiers, demandoit reparation, dommages, intereſts, & deſpens pour ce regard,
& au principal dénioit le recelé & ſubſtraction
miſe en auant, & que ledit Bernard ſe meſ-
prenoit, demandoit auſſi reparation de l'ac-
cuſation, dommages, intereſts, & deſpens.
Replique par ledit Bernard que l'action criminelle n'eſt rien differente de la ciuile, ſinon
pour la punition du larrecin, & n'a vſé de
cette voye, ſinon que pour promptement
verifier le recelé par la bouche de ladite Iacqueline, & depoſition ſur le champ des témoins, qu'elle n'a loiſir de ſuborner, & con-
ſiderer les longueurs de l'action ciuile, que

l'on ne respond par sa bouche ; mais par celle d'vn Procureur, la iustification plustost preste que l'instruction de la charge, qu'en cette matiere de recelé, il estoit necessaire d'y apporter prompt remede. Soustenoit le recelé par luy mis en auant, & pretendoit l'auoir bien & amplement iustifié par ses informations. Sur ces contestations & raisons seroit interuenu Arrest de la Cour, par lequel la procedure criminelle a esté cassée : sauf à l'heritier à intenter son action ciuile pour la representation des choses qu'il pretendoit auoir esté soustraires par la vesue, & pourroit faire ouyr de nouueau les témoins ouys és informations. En consequence duquel Arrest ledit B. auroit fait son enqueste, & en icelle fait ouyr, non seulement lesdirs témoins ja ouys esdites informations ; mais encores d'autres voisins du defunct, gens d'honneur, contre tous lesquels témoins ladite Iacqueline auroit souffy de reproches qu'elle soustenoit tres-pertinentes : Et sur le tout les parties appointées, & le procez distribué ; Mais à present considerans les parties l'aigreur ja conceuë entr'eux ; & qui se pourra augmenter par la suite & iugement du procez & l'entremise de leurs parens & amis, qui prennent tant de peine à les reconcilier aussi, afin d'éuiter à plus grande vexation & frais, elles ont par l'aduis de leursdits parens, Aduocats & Conseil transigé & accordé, ainsi qu'il ensuit : Sçauoit, que ledit Bernard

s'est desisté & departy par ces presentes de
son accusation, demandes & conclusions par
luy faites & formées contre ladite Iacqueline, consentant & accordant que sa plainte,
informations, enqueste, & autres procedures
soient & demeurent nulles, comme le tout
non fait ny aduenu, comme aussi ladite Iacqueline s'est desistée & departie de la reparation par elle requise sans aucuns despens,
dommages ny interests, de part & d'autre.
Car ainsi consentans l'omologation du present contract en ladite Cour de Parlement,
si besoin est.

—————

*PAR acte particulier ladite vefue
en faueur du contract, a baillé &
payé audit Bernard la somme de douze
cens liures pour le rembourser & recompenser des grands frais qu'il a faits à
la poursuite du procez mentionné au
present contract.*

*Pour raison d'vne tuition de mineurs
oſtée au pere procedant de la ſtipulation, & de la renonciation à ſa Communauté permiſe auſdits mineurs.*

FVrent preſens André pere legitime tuteur
& adminiſtrateur des enfans mineurs de
luy & de defunte Cecile, iadis ſa femme, d'vne
part, Bernard oncle maternel, & tuteur éleu
deſdits mineurs, d'autre part, & Claude &
Denys. &c. auſſi oncles & parens maternels
d'iceux mineurs, encore d'autre : Diſans les
parties qu'elles ſont en procez en la Cour de
Parlement, tant ſur l'appel interietté par ledit André de la Sentence donnée au Chaſtelet de Paris le 3. ſur l'aduis des parens deſdits
mineurs, portant ledit B. auoit eſté eſleu leur
tuteur, que ſur la renonciation faite le lende-
main par ledit Bernard pour leſdits mineurs
à la Communauté, qui a eſté entre ledit André & ladite feuë Cecile ſa femme leur mere,
amcubliſſement de la ſomme de trois mil liures porté par leur contract de mariage , rapport de la dot & partage demandé par leſdits
Bernard & Claude ſes freres, oncles maternels deſdits mineurs, & ſouſtenoit ledit André, que ladite pretenduë eſlection de tuteur
eſtoit vne entrepriſe deſdits parens mater-

nels, par la brigue & fuſcitation deſdits Bernard & Claude, notamment dudit Claude, non ſeulement en haine du differend qu'ils ont eu, & ont pour raiſon de la ſucceſſion de defunte Magdelaine, mere deſdits Cecile, Bernard & Claude, mais principalement à deſſein de faire ladite renonciation, afin d'auoir le maniement du bien deſdits mineurs, & prendre le plus beau & clair bien de ſa Communauté, aneantir ledit ameubliſſement & faire ledit rapport & partage, ce faiſant ruiner tant ledit André que ſeſdits enfans : Au contraire, diſoient leſdits oncles & parens maternels qu'ils auoient de grandes raiſons d'empeſcher que ledit André fuſt tuteur de ſes enfans, afin d'éuiter la perte & diſſipation de leur bien, d'autant en premier lieu que ſon mauuais meſnage eſtoit notoire, ayant eu des biens honneſtement de ſon coſté, & a eu & recueilly du coſté de ſa femme plus de douze mil liures en heritages, la plus part deſquels il a vendus, que ſon inuentaire ne monte pas à ſix mil liures, ſomme qui n'eſt pas ſuffiſante à beaucoup pres pour le remploy des propres & repriſe deſdits mineurs, que par le contract de mariage deſdits André & Cecile a eſté ſtipulé, qu'elle & ſes enfans pourront renoncer ou accepter la Communauté, & en cas de renonciation reprendre franchement & quittement tout ce qu'elle a apporté & la ſuite : que pour le profit deſdits mineurs, & conſeruer le reſte qui ſe trouue de leur bien, il a fallu élire vn autre tuteur que le pere, afin de renoncer à la Communauté, & reprendre ledit bien suiuant le contract de mariage ; car le pere , s'il euft efté tuteur ne l'euft pas fait, c'euft efté faire contre luy mefme, & ainfi ce refte dudit bien fe fuft euanouy. D'ailleurs il n'euft pas fait demande & contefté contre luy-mefme, pour raifon des trois mil liures d'ameubliffement à prendre fur les heritages de ladite Cecile portez audit contract de mariage , lequel ameubliffement lefdits parens eftiment ne pouuoit fubfifter, ains doit eftre nul , & reuoqué, attendu le defaut d'omologation d'iceluy en Iuftice , qui auoit efte expreffément ftipulé par ledit contract de mariage: de maniere qu'il eftoit tout à fait neceffaire d'eflire autre tuteur que le pere, pour conferuer ce peu de bien, qui refte aufdits mineurs : & auoient encore lefdits Bernard & Claude , demandé & conclud qu'il fuft ordonné auec lefdits André & parens, que lefdits enfans rapporteront la maifon & heritages qui ont efté donnez à la mere en mariage, pour eftre procedé au partage de tous les biens de la fucceffion de ladite defunte Magdeleine leur mere & ayeule , & que lefdits enfans ne pouuoient eftre receus à renoncer à la fucceffion de leurdite ayeule , attendu que la donation n'eftoit parfaite, non infinuée , & que ce defaut annulloit la donation. Repliqué par ledit André, que ces dires font calomnies , & pretextes contre la pure verité, car lefdits oncles & parens maternels ne peuuent iuſtifier le mauuais ménage & faits ridicules qu'ils mettent en auant : Qu'il eſt vray qu'il auoit quelque bien de ſon coſté, & en a eu & recueilly de la part de ſa femme, pour pres de douze mil liures ; mais qu'ils ſçauent bien, & eſt notoire les pertes qu'il a ſouffertes, tant par l'incendie & vol de ſa maiſon, qui eſt vn accident inopiné, auquel la femme doit contribuer, que par les banqueroutes qu'on luy a faites : que nonobſtant ces pertes, il n'eſt pas veritable qu'il ayt vendu tous les heritages de ſa femme, & n'en a eſté vendu que pour cinq mil liures, dont y en a trois mil liures qui luy appartiennent d'ameubliſſement, de ſorte qu'il y en a encore pour plus de ſix mil liures, qui conſiſtent en la maiſon & heritages ſiz à &c. qui ne ſont alienez ny hypotequez à aucunes debtes. de plus que ſon inuentaire montoit, les debtes paſſiues deduites, à plus de dix mil liures, franchement & quittement, & s'en trouuera encore dauantage depuis ledit inuentaire iuſques à ce iourd'huy. Pour le regard de la renonciation à la Communauté, il eſt vray qu'elle eſt donnée aux enfans ; mais que c'eſt contre les bonnes mœurs & contraire à la Couſtume de Paris, plus ſage que les autres hommes, & ſemble que ladite Couſtume ait preueu la temerité du preſent procez,

qu'en tout cas en renonçant & reprenant par
les enfans, il faut déduire & luy laisser les trois
mil liures à luy ameublis par le contract de
mariage, que c'est la pure raison & intention
des parties du contract & du mariage, mesme
que c'est vne obmission du Notaire, de n'a-
uoir pas mis en la clause de la renonciation &
reprise ces mots, à l'exception de l'ameublissement, qu'autrement outre l'iniustice y
auroit de la contrarieté, ioint qu'il en faut venir à cette raison necessaire que l'on doit a-
meublir vne partie du bien de l'espouse, que
quand n'y a argent ny meuble, l'on donne des
heritages, cela est vne regle pour ayder à
supporter les frais de nopces, meubles & habits de mariage, & ne seroit pas raisonnable
que le mary emportast tout le faix & charge,
sans que la femme y contribuast aucune chose. Quant à ce que les parens maternels di-
sent que le contract de mariage n'a esté homologué en Iustice, partant l'ameublissement
nul, dit ledit A. que l'homologation n'est qu'v-
ne forme non necessaire en essence ou substance, le contract est assez homologué, quand les
pere & mere, & parens l'ont voulu & consenty, & cela ne se refuse point en Iustice, la mé-
tion qui en est faite par le contract & constitué Procureur pour ce faire, est vn stil du Notaire, ioint que l'homologation se peut faire
à present, comme lors, & n'y a point de temps
prefix. Et pour ce qui regarde le rapport &
partage demandé par lesdits B. & C. dit led. A.

qu'ils

qu'ils n'y font receuables : que lefdits enfans peuuent & leur eft loifible de venir à partage auec leurs oncles en rapportant les heritages en nature , & le prix de ceux vendus ou moins prenant defdits pris fuiuant la Couftume , ou bien de renoncer à la fucceffion. Ce faifant eux tenir à ce qui auoit efté donné à leur mere par leur ayeule en mariage ; ce que lefdits enfans opteront en temps & lieu. Que lefdits Bernard & Claude ne fe peuuent preualoir du defaut d'infinuation , que bien que le contract de mariage porte donation & confentement de faire infinuer dans les quatre mois, que ce n'eft auffi que le ftil du Notaire, & vne forme non neceffaire. Que l'heritage donné eft en effect la dot & fourniffement du mariage qui fait partie & equipolle à partage , non fuiet à infinuation : Que lefdits B. & C. ne difent point que la donation foit immenfe , & que leur legitime ne leur peut eftre fournie. De maniere qu'il fe void clairement que c'eft vn affront que luy a voulu faire ledit Claude, qui s'eft feruy & a abufé des noms & facilitez des autres parens maternels, qui n'ont pas confideré la confequence dangereufe de cette entreprife, & la feparation, efloignement, mefpris & oubly entre le pere & les enfans, mefmes la ruine defdits enfans eftans foubs la tutelle dudit Bernard, homme fimple & non entendu , qui eft aux gages dudit Claude, qui l'a fait eflire , & qui entend

B

difposer de la tutelle foubs le nom d'iceluy
Bernard ; mais que defirant ledit A. reme-
dier, & preuenir le malheur qui fe peut en-
fuiure de cette entreprife, entretenir le refpect & l'obeïffance que fes enfans luy doiuent, & fon amitié enuers eux, les retenir &
auoir les yeux fur leurs mœurs & actions, &
les inftruire à la vertu, & pour monftrer à
leurs parens maternels qu'il n'eft pas decheu
de tous biens & d'amis, il offre de leur bailler bonne & fuffifante caution du bien defdits enfans, eftimant que touché de l'amour
paternel, & euitant l'abandon de fes enfans,
fon renom ny fon trafic, n'en feront poinct
à mefprifer : Surquoy & fur tous les articles
& differends cy-deffus, les parties, par l'aduis
de leurs Aduocats & Confeil ont fait & accordé ce qui enfuit. C'eft afçauoir, que foubs
la caution du fieur Pierre à ce prefent, qui
s'eft foubmis & obligé à la conferuation du
bien defdits mineurs, & au reliqua du compte que ledit André leur rendra, dont ledit
Pierre fait par ces prefentes fon propre faict
& debte folidairement, & apres que ledit
André a declaré ne vouloir rien repeter contre fes enfans, de l'incendie & vol de fa maifon, dont il les quitte & defcharge dés à prefent, pour l'affection paternelle qu'il leur porte;
lefdits Bernard & Claude, & les autres parens defdits mineurs comparans fufnommez,
font d'aduis, & ont confenty & accordé que
ledit André foit & demeure tuteur defdits mi-

neurs ses enfans , pour regir & gouuerner leurs personnes & biens , & pour subrogé tuteur ledit Bernard , ce faisant iceluy B. deschargé de ladite tuition , plus qu'en consequence de la renonciation faite par led. Bernard pour lesdits mineurs, à la Communauté d'entre ledit André & ladite Cecile, lesdits mineurs reprendront franchement & quittement tout ce qui a esté apporté en mariage par ladite Cecile leur mere, & tout ce qui luy est aduenu & escheu par la succession de ladite Magdelaine leur ayeule , dont de tout ensemble des fruits & reuenus ledit A. tiendra compte & recepte à sesdits enfans, distraction toutesfois prealablement faite au profit dudit A. de ladite somme de 3000. liu. d'ameublissement porté audit contract de mariage , laquelle somme appartiendra audit A. Plus que ledit A. pour sesdits enfans se pourra tenir au dot de ladite defuncte Cecile leur mere porté audit contract de mariage. Ce faisant renoncer à la succession de ladite deffuncte Magdelaine leur ayeule , ou bien venir à ladite succession, & faire partage d'icelle auec leurs oncles , en rapportant ou moins prenant suiuant la Coustume. Et au moyen de ce, lesdits B. & C. ne pourront plus alleguer, ny se preualoir desdits pretendus defauts d'omologation & insinuation, & sont les parties hors de Cour & de procez. Promettans lesdites parties entretenir le contenu au present contract , soubs l'obliga-

tion de leurs biens, & pour la plus grande
validité d'iceluy , ils ont consenty qu'il soit
omologué & auctorisé en la Cour de Parlement, pour estre entretenu & executé selon
sa forme & teneur. Et pour ce faire & requerir , ils ont constitué leur Procureur, le porteur, &c. auquel, &c. car ainsi , &c.

Sur le Rapport au partage, de l'action
qu'vne femme copartageante a contre
son mary au lieu de l'argent qu'elle
a eu eu mariage.

FVrent presens François, Anne & Iean d'v-
ne part & Marguerite femme separée de
biens d'auec Ponce , d'autre part tous les, des
susdits freres & sœurs , enfans & heritiers
chacun pour vn quart de defuncts leurs pere
& mere , Disan, les parties qu'elles estoient
en procez pour raison de ce qu'en procedant
à leur egalement & partage des successions
desdits defuncts , ladite Marguerite n'entendoit rapporter la somme de huict mil liu. de
dot à elle donnée par iceux defuncts. Ains
qu'elle n'estoit tenuë que de rapporter l'a-
ction qu'elle auoit sur les biens de son mary
pour la repetition dudit dot , enquoy il estoit
condamné par sa sentence de separation ; &
que s'il y auoit perte dudit dot ou partie d'i-
celuy , ladite perte ne deuoit tomber sur elle,

ains fur lefdites fucceffions , d'autant qu'il falloit confiderer que lefdits pere & mere l'ont marié mineure à vn homme eftranger natif d'Allemagne , qu'il n'y auoit lors que fix mois qu'il s'eftoit habitué en cette ville , & fe font laiffez furprendre par l'apparence du negoce & traffic d'argent de change & marchandife & grande correfpondance qui paroiffoient , maifon & cuifine affez bien garnies fans autrement s'enquerir de fon extraction , condition , l'eftat de fes affaires , ny preuoir les déguifemens des hommes ; à quoy poffible a efté ioint le peu d'amitié & de foucy qu'ils auoient d'elle à caufe de fon infirmité , & peu de merite , d'ailleurs fembloit que toute chofe ait aidé & contribué à fon mal-heur , car lefdits pere & mere ont fourny fon mariage tout argent comprant. Que par le contract (chofe qui ne fe void point) n'a efté ftipulé aucun propre s'ils luy euffent donné comme à leurs autres enfans des heritages & rentes , cela fuft demeuré , que tout ces defauts prouenoient de la faute de fes pere & mere , qui font tenus par vn deuoir de nature de pouruoir à la feureté de leurs enfans. Confiderer enfuite ce qui eft arriué , fçauoir eft que l'an n'eftoit encore paffé : que ledit Ponce a efté pourfuiuy & contraint rigoureufement de payer groffes fommes qu'il deuoit en fon pays. Tout ce qui eftoit dans fa maifon a efté executé , tranfporté ,

& fcellé, garnifon mife en ladite maifon, &
ledit Ponce couru pour eftre arrefté prifon-
nier, & elle defnuée de toute commodité,
& reduite à la pieté de fes parens. Pour ces
raifons & autres alleguées au procez, elle
fouftenoit eftre bien fondée en fes conclufions. A quoy par lefdits François Anne &
Iéan, eftoit dit que telle procedure & pretention eftoit nouuelle, que la Couftume de
Paris obligeoit au rapport en deniers ou ef-
pece & non en action. Quant à la particu-
larité du mariage de ladite Marguerite, c'eft
vne ingratitude à elle d'en accufer fes pere
& mere : que l'on ne peut eftimer qu'il y
ait faute, negligence & moins de mauuaife
volonté. Le pere mariant fa fille croit luy
faire fon bien ; il faut que la fille le prenne
au hazard, c'eft à dire aux conditions ordinaires du mariage : tout ainfi que fon mariage bien employé euft doublé & triplé fans
qu'elle euft efté tenuë d'en rapporter dauantage : auffi s'il arriue de la perte, cela n'em
pefche le rapport : qne fi l'intention de ladite Marguerite auoit lieu il faudroit que les
freres & fœurs veillaffent les vns fur les autres, & feroit donner beauieu & faire ouuerture aux fraudes des marys, eftimans que
leurs femmes feroient quittes en rapportant
de mauuaifes actions au lieu de ce qu'ils ont
eu : adiouftent auffi que s'il y a eu perte, ladite
Marguerite s'en doit attribuer la faute, d'autant que des debtes pour lefquelles led. Paul a

esté accablé, elle s'en pouuoit defendre, s'opposer & reclamer son bien qui n'estoit suiet
aux debtes & actes de son mary. Repliqué
par ladite Marguerite que la perte de son dot
& conuentions prouient du deffaut de pre-
uoyance de ses pere & mere, precipitation
& trop grande credulité aux paroles & de-
guisement d'vn homme qui se veut marier
& tasche de se mettre à son aise. Qu'il faut
faire distinction, que si la Coustume eust preueu & pensé à vn pareil mariage elle y eust
remedié, de dire qu'elle deuoit s'opposer &
resister à la force, cela est ridicule, conside-
ré vne simple femmelette aagée lors seulement de vingt ans. Que tant s'en faut, s'il
y eust eu remede à y apporter eux ses freres maieurs le deuoient faire & y estoient obligez, mesmes par charité & fraternité. Sur lesquelles contestations seroit interuenue Sentence, par laquelle est ordonné que ladite
Marguerite ne rapportera au partage des successions de ses defuncts pere & mere que l'a-
ction qu'elle auoit contre son mary & ses
creanciers, pour la repetition & restitution de
son dot; dont ledit François & consors se
feroient portez pour appellans. Et en cause
d'appel auroient adiousté que lad. Marguerite
auoit destourné & recous de ce naufrage de
la vaisselle d'argent, meubles, linges, & autres choses pour plus de trois mil liures denié
& soustenu au contraire, par ladite Marguerite, & desirant les parties terminer à l'amia-

ble ledit procez, euiter à plus grands frais &
vexation, entretenir le bien de paix comme leur proximité le requiert, ont par l'aduis de leur conseil, parens & amis, transigé,
traitté & accordé ainsi qu'il ensuit, C'est à
sçauoir que ladite Marguerite rapportera à la
masse des successions de sesdits pere & mere,
en faisant l'gealement & partage entr'elle,
& sesdits freres & sœurs, la somme de quatre mil liures & les interests de ladite somme
suiuant la Coustume, auec l'action pour la repetition de son dict dot, à la charge toutesfois que sur les premiers deniers qui pourront prouenir de ladite action, elle prendra
priutiuement la somme de quinze cens liures
pour faire fonds de sa pension à elle adiugée,
en attendant que doüaire ait lieu, & apres
s'il se peut recouurir dauantage en sera repris & mis en ladite masse iusques à la somme de quatre mil liures pour parfaire lesdits
huict mil de dot, auec l'interest desdits quatre mil liures du iour des deceds desdits pere
& mere, & s'il y a du surplus, il appartiendra à ladite Marguerite tant pour son remboursement de ladite somme qu'elle rapportera, que reste de son doüaire & conuentions,
& se feront les poursuites dudit recouurement
sous le nom de ladite Marguerite où pourront
interuenir lesd. François & consors s'il est besoin, & les frais s'en payeront sçauoir moitié par lad. Marguerite, & l'autre moitié par
lesdits François & consors, & moyennant ce,

les parties font hors de Cour & de procez fans
dépens, dommages & interefts d'yne part &
d'autre. Car ainfi, &c.

Pour raifon d'vn Office propre mis en Communauté.

FVrent prefens Damoifelle, vefue d'vn
Threforier de France d'vne part, & Thomas Efcuyer & heritier feul dudit defunt fon
oncle, d'autre part, difans & connoiffans les
parties, que par le contract de mariage dudit
deffunt, & de ladite Damoifelle du
a efté ftipulé Commnnauté de tous biens,
meubles, acquefts & conquefts, immeubles,
à condition neantmoins, que l'Office de Threforier de France, appartenant audit defunct
luy demeureroit, & feroit par luy repris aduenant le predecez de ladite Damoifelle, &
difoit ladite Damoifelle qne le cas ftipulé n'e-
ftoit aduenu, ains le contraire, fçauoir le predecez de fon mary, que ledit Office eftoit de
la Communauté à caufe du mot d'aquefts &
condition fufdite, que la reprife n'auoit efté
ftipulée qu'en vn cas, & non pas en l'autre,
qui en eftoit exclus, & que l'intention &
volonté dudit defunt eftoit claire, qu'aduenant le predecez de fa femme, il s'eftoit voulu conferuer fon Office à l'exclufion des heritiers de fa femme, & aduenant le pre-

decés de luy, il auoit mieux aimé que sa femme en profitast que ses heritiers collareraux, à quoy par ledit sieur Thomas estoit dit, que ledit Office estoit de leur maison & famille, y a plus de six vingt ans, qu'il estoit vray que ledit defunt l'auoit eu par achat, & non par succession; mais qu'il l'auoit acheté de la fille de son oncle, que pour en payer le prix, il auoit vendu tout son patrimoine. partant pouuoit dire que ledit Office estoit propre audit defunt, qu'iceluy Office estoit le plus beau & quasi tout le bien dudit defunt, que quand mesme il ne se sentiroit d'aucune nature de propre, tel ameublissement seroit déraisonnable, inofficieux & effrené; ladite Damoiselle emporteroit toute la substance, & le vray heritier seroit en effet exheredé : que par la Coustume, n'y a que les meubles & conquests qui soient de la Communauté, les acquests en sont exclus & exceptez, & sont reputez comme propres; à l'esgard du mariage subsequent. Repliqué & denié par ladite Damoiselle, que ledit Office, partie ne portion d'iceluy, fust nullement propre ny prouenant de propre, que led. Thomas n'en pouuoit iustifier en quelque sorte & maniere que ce soit, qu'au contraire, vne grande partie du prix d'iceluy auoit esté acquitée de ses deniers dotaux pendant leur mariage, comme elle iustifieroit si besoin estoit : bref la faueur de mariage. Sur lesquelles contestations les parties estoient eu voye d'entrer en procez, pour à quoy obuier &

euiter à vexation & frais, elles ont par l'aduis
de leurs parens & conseil accordé, & traité
comme il ensuit,, Sçauoir, que ladite Damoiselle pour l'affection & respect qu'elle a toû-
jours porté audit defunt son mary, & par re-
flexion au sieur Antoine son frere, & audit
Thomas son fils, ioint le bon & honneste traitement qu'il luy a fait, n'ayant fait aucun acte
ny procedure de iustice contre elle apres le
decés dudit defunt, & afin de perpetuer ledit
Office, autant que faire se pourra en la ligne
dudit defunt son mrry, a de son bon gré &
pure volonté remis, cedé & delaissé par ces
presentes à iceluy Thomas, ce acceptant, la
moitié à elle appartenant par le moyen dudit
contract de mariage audit Office de Threso-
rier de France, dont l'autre moitié appartient
audit Thomas, comme heritier seul dudit defunt son oncle, & ce moyennant la somme de
douze mil liures seulement, qui n'est pas la
moitié de sa valeur. Eu égard au cours du tépr
present, & au prix que le dernier a esté vendu,
& outre, à la charge que ledit Thomas se fera
pouruoir & receuoir audit Office à ses frais &
dépens, & à cet effect ladite Damoiselle luy a
presentement baillé & mis és mains les lettres
de prouision dudit defunt son mary, quittances,
&c. auec, &c. dont, &c. sur laquelle somme
de douze mil liures, ledit sieur Thomas en
promet & sera tenu bailler & payer à ladite
Damoiselle la somme de quatre mil liures dás
vn an prochain, sans aucun interest, & pour le

ſurplus, montant à huict mil liures, iceluy ſieur
Thomas en a creé, & conſtitué, & promis garantir, fournir, & faire valoir à icelle, Damoiſelle, ce acceptant, pour elle, ſes hoirs & ayans
cauſe quatre cens liures de rente, payable,
&c. & y a obligé, & hypotequé ſpecialement,
& par priuilege & preference ledit Office, &
generalement, &c. & par ces meſmes preſentes les parties ont conuenu & accordé que
ladite Damoiſelle aura & luy appartiendra à
touſiours en proprieté, à elle & aux ſiens la
maiſon & métairie de, &c. auec la ſomme de
huict mil liures qu'elle a priſe & receuë des
deniers comptans demeurez apres le decez dudit defunt, pour la reſtitution de ſes deniers
dotaux ſtipulez,] propre doüaire, preciput &
autres conuentions matrimoniales portées par
ledit contract de mariage, & qu'elle pourroit
pretendre en conſequence d'iceluy, dont elle ſe contente & quitte ledit ſieur Thomas de
tous ſes droicts ſuſdits. & quant au ſurplus des
deniers comptans, argenterie, meubles, linges,
tapiſſeries, & vſtenciles d'hoſtel, dont partie
a eſté venduë : les parties ont reconnu en a-
uoir fait partage à l'amiable & chacun d'eux en
auoir pris & receu ſa part & moitié, dont reſ-
pectiuement, &c. quittant ce à l'exception de
la debte deuë par le ſieur Baron, dont le recouurement ſera pourſuiuy à frais commnns, &
ce qui eu prouiendra ſera partagé, entr'eux
eſgalement par moitié. Car ainſi. &c.

Entre la seconde vefue & les enfans du premier lict, fur la queftion fi vn Office eft meuble ou immeuble.

FVrent prefens A. enfans de defunt Maiftre François viuant Huiffier du Roy en fa Cour de Parlement, & de Magdeleine iadis fa femme en premieres nopces d'vne part, & Elizabeth, vefue dudit defunt en fecondes nopces, d'autre part. Difans & reconnoiffans les parties, que ledit defunt dés auparauant fon premier mariage eftoit pourueu & iouyffant dudit Office d'Huiffier de la Cour, que par le contract dudit premier mariage paffé entre luy & ladite feuë Magdeleine fa premiere femme, il auroit efté ftipulé que ledit Office, & les deniers prouenans d'iceluy luy demeureroient propres, & aux fiens de fon eftoc & ligne, que par le fecond contract de mariage d'entre ledit defunct, & ladite Elizabeth fa feconde femme, à prefent fa vefue, n'eft aucunement parlé dudit Office, fi iceluy ou partie entreroit ou non en la Communauté, & pretendoit ladite Elizabeth, que ledit Office eftoit meuble en confequence de la Couftume qui declare & repute les Offices venaux, meubles auant la faifie, immeubles apres: qu'il n'y a point feu de

saisie, & passant plus outre que cette reputa
tion d'immeuble apres la saisie demeure encore mobiliere, & n'y a hypoteque : car les deniers se partissent entre les creanciers par des
confitures au sol la liure, ainsi que les meubles, que le premier contract de mariage ne
luy peut preiudicier, elle l'a ignoré, & a contracté mariage sur la bonne foy, & sur les
mots de la Coustume, mais qu'outre ces raisons elle en a vne derniere tres-considerable,
qui est que ledit defunt n'ayant payé au Roy le
prest & annuel dudit Office la premiere année
pour iouyr de la dispense des quarante iours,
elle a obtenu pendant la maladie dudit defunt,
ladite dispense par l'ayde & faueur de ses parens, pour raison dequoy elle a payé la somme de trois mil liures aux coffres de sa Maie-
sté. Plus que ledit defunt a payé des deniers de
leur Communauté le prest qu'il conuient faire
en l'année mil six cens trente neuf, & le droit
annuel deuant & depuis pendant leur mariage,
que lesdits prests & droits ont esté payez pour
conseruer l'Office, qui autrement eust esté
perdu : par ces raisons elle peut soustenir que
ledit Office est de la communauté, neantmoins
pour euiter à procez qu'elle se restraignoit à la
moitié, demeurant à la premiere communauté
en contribuant par lesdits heritirs aux frais &
despense qu'il a conuenu faire pour lesdits
prests & droicts du Roy, pour la conseruation
d'iceluy, à quoy de la part desdits heritiers
estoit dit, qu'il estoit absurde, sauf correction,

d'eſtimer que les Offices venaux eſtoient meubles pour entrer en communauté, ſans vne
ſtipulation expreſſe, que s'il eſtoit ainſi, il s'en-
ſuiuroit que le mary ſuruiuant ſeroit tenu rapporter & payer aux heritiers de ſa femme la
moitié de l'Office qui luy appartenoit auant
ſon mariage, que quand bien meſme par le
premier contract de mariage, ledit Office ne
ſeroit point ſtipulé propre, il eſt certain qu'il
ſeroit propre s'il n'y auoit ſtipulation expreſſe
au contraire, que les Arreſts de la Cour ont
eſclaircy & declaré que l'article de la Couſtume ne regarde & ne concerne ſeulement que
les creanciers de l'Officier, & ne s'eſtend pas au
fait dont eſt queſtion ; que leſdits Arreſts & autres ont iugé, que l'Office & les deniers d'iceluy, duquel le mary eſtoit pourueu auant ſon
mariage reſigné ou conſerué pendant ou aprés
la Communauté n'entroient point en icelle.
Que leſdits heritiers ſont encore en plus forts
termes, en ce que par le contract de mariage
dudit defunt, & de leur mere ſa premiere femme, eſt ſtipulé que ledit Office demeurera propre à iceluy defunt & aux ſiens, & n'eſtoit beſoin de s'enquerir ſi ladite Iſabelle l'a ignoré ou
non, que pour le regard des preſts & annuels
payez au Roy, c'eſt vne charge de Communauté, comme d'autres deſpenſes d'icelle. Que
puiſque l'exercice & reuenu dudit Office a
augmenté la ſeconde Communauté, il eſt
bien raiſonnable que les droicts du Roy ſoient
pris ſur icelle. Par ces raiſons ſouſtenoient leſ-

dits heritiers que ledit Office leur appartenoit entierement. Et ayans les parties desiré terminer leur differend à l'amiable, elles s'en seroient soubmises au iugement de leurs Aduocats. Par l'aduis desquels elles ont traité & accordé comme s'ensuit: c'est à sçauoir, que ladite Isabelle a consenty & accordé par ces presentes, que ledit Office d'Huissier en la Cour soit demeuré, & appartienne entierement ausdits heritiers pour en disposer par eux, comme bon leur semblera: en remettant par lesdits heritiers, comme ils ont accordé & promis en la masse de ladite seconde communauté la somme de quatre mil cinq cens liures, à laquelle somme ils ont liquidé les sommes de den erspayées pendant la Communauté aux coffres du Roy pour les prests & droicts annuels dudit Office, pour estre de ladite somme partagée auec les autres biens de ladite Communauté, toutesfois & quantes que l'vn en requerra l'autre. Ce faisant ladite Isabelle a baillé & mis és mains desdits heritiers les Lettres de Prouision, quittances de Finance, &c.

*Pour raison de l'Office acheté par le pe-
re pendant sa Communauté en la
moitié duquel il a succedé comme heritier mobilier de sa fille, à l'exclu-
sion de l'heritier des propres.*

FUrent presens Maistre Denys Conseiller
& Secretaire du Roy, Maison & Cou-
ronne de France, heritier mobilier de feuë
Anne fille de luy & de defunte Damoiselle
Catherine Iudith sa femme, d'vne part, &
Maistre Toussaint oncle & heritier des propres de ladite Anne sa niepce, d'autre part. Disans & reconnoissans les parties que ledit Office de Conseiller & Secretaire du Roy a esté
acquis pendant la communauté dudit Maistre
Denys & lad. feuë Catherine sa femme, &
pretendoit ledit Toussaint heritier susdit que
la moitié dudit Office luy appartenoit comme
estant immeuble & propre de ladite Anne sa
niepce à elle escheu par le decez de sa mere, &
que ledit Maistre Denys luy deuoit payer la
moitié de ce que ledit Office valoit au temps
du decez de ladite Catherine suiuant l'estimation, sinon qu'il seroit vendu, & les deniers
partagez, sauf l'vsufruict, s'il estoit raisonnable : au contraire, disoit ledit Maistre Denys
que ledit Toussaint estoit mal fondé en l'vne

& l'autre de ſes demandes, que quand ce ſeroit vn vray heritage , ledit Maiſtre Denys auroit droiĉt d'en iouyr ſa vie durant : mais que
c'eſtoit vn Office mixte & reputé meuble en
la queſtion , ſouſtenoit que ladite Anne ſa fille
n'auoit apres le decez de ſa mere , que l'aĉtion
demy-denier contre ſon pere , ſçauoir eſt, de la
moitié du prix que luy auoit couſté ſa charge,
& non de la valeur qu'elle eſtoit lors du decez de ladite Catherine , mais quoy que ce
ſoit , cette aĉtion demy-denier eſtoit pure
mobiliere , de ſorte que ladite Anne ſa fille
eſtant decedée,ledit Maiſtre Denys ſon pere
qui eſt heritier mobilier , ſuccedoit à cette
aĉtion , laquelle demeuroit confuſe en ſa per-
ſonne , & ledit Touſſaint heritier des propres
n'y pouuoit rien pretendre : repliqué par ledit Touſſaint ,qu'il demeuroit d'accord de l'v-
ſufruiĉt, au pere, mais que le fonds de la moitié dudit office eſtoit propre & luy deuoit ap-
partenir. Surquoy les parties eſtoient en procez , & deſirans le terminer & regler cette
difficulté à l'amiable,ſe ſeroient ſouſmiſes au
dite & iugement de leurs Aduocats & d'vn
tiers par eux,pris de l'aduis & conſeil deſquels,
ledit Maiſtre Touſſaint s'eſt par ces preſentes
deſiſté & deparry de tout droiĉt & pretention
qu'il pouuoit auoir audit office, declare qu'il
n'y pretend rien , conſent & accorde qu'il ſoit
demeuré & appartienne entierement audit
Maiſtre Denys ,& qu'il en iouyſſe , faſſe &
diſpoſe comme bon luy ſemblera , ſans deſ-

pens, dommages ne interest d'vne part &
d'autre, car ainsi, &c.

Pour raison du dot & doüaire sur vn bien substitué.

FVrent presens Damoiselle, vefue de Iean
Louys d'vne part, & Antoine frere dudit
defunt Louys, d'autre part. Disans les parties
qu'elles estoient en procez pour raison du dot
& doüaire d'icelle Damoiselle, qu'elle entendoit prendre sur la terre de Fruy substitué au
profit dudit defunt Antoine, & demeuroient
d'accord que par le contract de mariage dndit
defunt Louys & de ladite Damoiselle, elle
auoit apporté audit defunt la somme de trente mil liures en deniers comptans, que ledit
defunt l'auroit doüée de cinq cens liures de
rente preciput stipulé de deux mil liures, &
qu'elle pourroit renoncer à la Conimunauté,
ce faisant, reprendre tout ce qu'elle auroit apporté, ses doüaire & preciput, le tout franchement & quitement, & à la restitution de sa
dot, doüaire & conuentions susdites, ledit defunt Louys auroit affecté & hypotequé specialement ladite terre de Fruy & generalement
tous ses autres biens. Tout cela estoit constant
entre les parties, & disoit ladite Damoiselle
que ses parons auoient contracté de bonne foy

fur l'affeurance principalement de ladite terre, qui eft le plus beau & clair bien que ledit
defunct poffedoit. Cependant qu'elle auoit appris que ladite terre auoit efté fubftituée au
profit dudit Antoine, lequel fans aucun
acte, ains de fa feule authorité fe feroit mis
en poffeffion d'icelle à l'inftant du decez dudit
defunct, que ladite poffeffion ainfi prife eftoit
vne entreprife & vn trouble, que cette fubftitution ne pouuoit toutesfois empefcher que
ledit defunct Louys ne difpofaft & n'alienaft
ladite terre par mariage, attendu que fon pere auoit appellé à ladite fubftitution premie-
rement fes petits enfans, enfans dudit Louys,
& apres eux ledit Antoine, que puifqu'il auoit
appellé fes petits enfans, il auoit eu intention
que fon fils fe mariaft, & que ne fe pouuant
marier fans affigner dot &, doüaire à fa femme, ledit pere auoit auffi confenty l'alienation de ladite terre, que fon doüaire n'eftoit
que viager, qu'en tout euenement le pere
n'auroit peu ofter la legitime de fon fils en lad.
terre, laquelle il pouuoit vendre & aliener
fans contredit : de plus, ce qui eft à noter,
que ledit Antoine auoit affifté à fon contract de mariage, partant renoncé à la fubftitution pour ce regard : à quoy de la part
dudit Antoine eftoit dit que ladite terre de
Bruy luy appartient par le droict de ladite
fubftitution, que par le decez dudit Louys
fon frere fans enfans, il en a efté faifi, attendu qu'il en eftoit proprietaire & fondé,

frere feulement vfufruictier , qu'il a doncques
peu prendre directement poffeffion d'icelle
terre fans aucun acte de Iuftice , que le-
dir defunct fon frere ne pouuoit prendre ny
auoir aucun droict de legitime fur ladite terre , dautant qu'il l'auoit eu d'ailleurs en autres terres , & biens dont il auoit difpofé qu'il
auoit encore laiffé d'autres biens en Poictou , fur lefquels ladite Damoifelle fe pouuoit prendre & addreffer , que la difpofition
du pere en faueur de fes petits enfans , &
apres eux de luy Antoine n'a efté qu'en intention de conferuer ladite terre en leur famille & non pas en faueur de la femme,
de fon fils , ny de tranfmettre en poffeffion
eftrangere , qu'en ligne collaterale on ne
pouuoit conftituer douaire ny charge quelconque fur le bien fubiet à reftitution , qu'à
l'égard de l'affiftance & comparution dudit
Antoine au contract de mariage de ladite Damoifelle , & fon pretendu & tacite confentement à l'affignat de fon dot & douaire fur
ladite terre, icelle Damoifelle ne s'en pouuoit preualoir n'y ayant affifté que par honneur & comme feroit vn proche parent , &
en tant que de befoin il auoit obtenu Lettres qu'il a fait fignifier à ladite Damoifelle : fur lefquelles contestations feroit interuenu Sentence de Monfieur le Preuoft
de Paris , portant que ladite Damoifelle fera payée de fa dot fur les biens non
fubftituez , & fur le furplus , fi furplus y a , &

apres sur ladite terre de Fruy substituée , elle
prendra son doüaire viager sans despens. En
execution de laquelle Sentence , & dautant
que les biens dudit defunt Louys non substituez & ordonnez estre discutez, sont meslez
auec ceux des sœurs & parens maternels desdits Louys & Antoine, & considerans les parties la difficulté des partages, preciputs également, rapports & pretentions des vns contre
les autres , & que lesdits biens sont éloignez
assis en Poictou, comme aussi sur ce qu'encôse-
quence de la renonciation faite par ladite Damoiselle, à la Communauté d'entre ledit defunct son mary & elle ; ledit Antoine entendoit luy faire deduction sur la dot de la somme
de dix mil liures entrée en ladite Communauté, suiuant la stipularion portée audit contract de mariage, icelles parties par l'aduis de
leurs Aduocats, & conseil, pour euiter l'appel de
lad. Sentence, que l'on pouuoit tenir tres-iuridi-
que & à plus grands frais & vexation, elles ont
fait , traité & accordé ensemble à l'amiable
ainsi qu'il ensuit, c'est à sçauoir que, ladite
Damoiselle a remis, quitté & delaissé par ces
presentes audit Antoine, ce acceptant ladite
somme de trente mil liures de dot à elle appartenant, & qu'elle a apporté audit defunct
Louys son mary par son contract de mariage
susdatté ensemble les interests iuuques à ce
iourd'huy , le tout pour & moyennant la somme de vingt-4. m. l. en den. que led. Antoine
a promis, & s'oblige bailler & payer à ladite

Damoiselle dans vn an auec l'interest an denier vingt, à compter de cedit iour iusquesà
l'actuel payement: plus , ledit Antoine a aussi
promis & s'est obligé payer & continuer à icelle Damoiselle sa vie durant par chacun an à
deux payemens égaux cinq cens liures tourn.
de rente pour son doüaire viager , lequel apres
son decez demeurera esteint , & en ce faisant,
tous les biens non substituez & ladite terre de
Truy substituée & autres biens dudit defunct
Louys , seront & appartiendront entierement
audit Antoine pour en iouyr, faire & disposer
par luy ses hoirs & ayans cause ainsi que bon
leur semblera , tous lesquels biens toutesfois
demeureront par priuilege & hypoteqne
special solidairement affectez , obligez,& hypotequez aux payemens tant de ladite somme de viugt-quatre mil liures & interest d'i-
celle, que du doüaire viager susdit , car ainsi,
&c.

Hypoteque creé sur vn fonds possedé par indiuis, changé par partage subsequent.

FVrent present A. d'vne part, & B. tant pour luy, que pour C. & D. d'autre part, Disans & reconnoissans les parties que dés le, &c. ledit A. auroit presté à Iacques frere desdits B. C. D. la somme de quatre mil cinq cens liures, pour laquelle somme il luy auroit constitué deux cens cinquante liures de rente, & icelle assignée sur le quart à luy appartenant par indiuis d'vne grande maison size à Paris ruë S. Denys, ferme & terre de Mitry en France, & de Torron en Picardie, & trois mil liures de rente sur particuliers Bourgeois de Paris, & autres biens par contract passé pardeuant Notaires ledit iour, &c. depuis lequel & le &c. Par autre contract lesdits B. C. D. & Iacques auroient fait partage de tous leurs biens à eux aduenus par les decez de leur pere & mere, & seroit le total de ladite maison aduenu au lot dudit B. & au lot dudit Iacques seroit aduenu la ferme & métaitie de Torron, size prés Mondidier, & six vingt liures de rente sur Philippe & ausdits C. & Denys seroit aduenu les autres biens desdites successions : que pour raison desdites deux cens

tiltres de rente, ledit A. auroit fait assigner ledit B. en declaration d'hypoteque passer tiltre
nouuel de ladite rente, & payer les arrerages.
Ce que ledit B. auroit denoncé ausdits C. &
D. afin de recours de garantie, & ledit Iacques
afin de prendre son fait & cause, & faire ces-
ser ladite poursuite, & soustenoit ledit B. aux
risques, perils & fortunes desdits C. & D. &
Iacques que ledit A. n'estoit receuable en sa
demande, qu'ils ont fait partage entr'eux
des biens de leurs pere & mere, en l'estat
que lesdits defuncts les auoient laissez. Ne
connoissoient lors, ny n'estoient tenus de
connoistre ledit A. que s'il y auoit de la peine ou perte audit A. il se la deuoit imputer,
n'ayant pas ignoré la qualité des biens assez
declarés par le contract, sçauoir est par indiuis,
c'est à dire, qu'il y auoit partage à faire,
& n'estoit pas asseuré que ladite maison
viendroit au lot dudit Iacques, lequel par
consequent ne l'a peu aliener ny hypotequer
qu'à la condition du partage, & ne s'en
est iamais peu dire le Seigneur absolu, ny
de portion, & ainsi n'a peu transferer audit A. plus de droict que luy-mesme n'en
pouuoit pretendre, qu'il faut considerer
que l'effect du partage est à ce que chacun
des coheritiers puisse iouyr de son lot se-
parément sans autre charge que de sa part
des debtes de la succession, autrement vn
coheritier mauuais mesnager pourroit
brouïller & gaster toute la succession, &

faire refoudre & caffer les partages, fans que
les coheritiers peuffent pouruoir à cet inconuenient: autre inconuenient fe prefente, qui eft
que lefd. C. & D. alleguent audit B. qu'il doit
faire difcuffion des biens dudit Iacques auant
que de s'addreffer à eux. Autre raifon, que
l'acquereur de partie de l'heritage commun &
indiuis eft contraint de fubir la mefme loy du
partage, ainfi qu'euft fait fon vendeur, pour-
quoy non ledit A. ne fubira la mefme loy de
fon debiteur; ce faifant r'enuoyer fon hypoteque fur le lot dudit debiteur, bref, l'intereft
des heritiers plus fauorable que celuy des crea-
tiers. De la part dudit A. eftoit dit & repliqué
que lors qu'il a prefté fes deniers audit Iacques,
il a regardé l'hypoteque & feureté du quart
d'vne grande maifon à Paris, rente fur particuliers de ladite ville, & heritages proches,
fpecialement hypotequez par fon contract, &
dont ledit Iacques s'eft defaifi à fon profit, iufques à la concurrence de fa rente : que c'eft
pluftoft auec lefdits biens qu'il a contracté,
qu'auec ledit Iacques, que la rente ne fe peut
creer fi le debiteur n'a des immeubles. Donc
ledit A. Seigneur du quart defdits biens, au
preiudice & abfence duquel on n'a peu faire
ledit partage, attendu mefme le danger qui
s'en enfuit. Qui eft que l'on pouuoit faifir &
decreter l'heritage efcheu au lot dudit Iacques,
à quoy ledit A. ne fe feroit oppofé pour eftre
ignorant du partage, & ainfi feroit priué de
fon hypoteque, & perdroit fa debte, fouftient

outre ledit A. que ledit partage a esté fait expressément en fraude de luy , dautant qu'il a
esté baillé audit Iacques pour son lot des biens
siz en pays de nantissement esloignez de cette
ville des rentes ou deniers comprans. Que sur
ces biens il n'est nanty ny realisé , & se peut
faire qu'il y a des creanciers dud. Iacques posterieurs à luy, que neantmoins estás nátis le pre-
cederoient : que pour faire le nantissement, il
faut payer de gros droicts & profits de fief , &
censiue , comme en vendition , qu'on peut racheter les rentes & les rachats , & les deniers
comprans s'éuanoüissent. Bref , que ce partage a esté ainsi proietté à dessein de hazarder la
rente dudit A. qu'il peut faire comparaison de
ce partage à la renonciation qu'auroit faite le
debiteur à la succession à luy escheuë en fraude
de ses creanciers , laquelle succession la Loy
permet aux creanciers de prendre au lieu de
leur debiteur , & par ces raisons peut ledit André demander que nouueau partage soit fait
en sa presence entre lesdits B. & D. & Iacques,
& C. y seroit bien fondé, sur lesquelles contestations seroit interuenu Sentence de Monsieur
le Preuost, le , &c. par laquelle lesdits coheritiers ont esté enuoyez quittes & absous de la
demande dudit A. Sauf à luy à s'addresser sur
le lot aduenu audit Iacques , sur lequel lot
l'hypoteque sera transferé , de laquelle Sentence ledit A. se seroit porté pour appellant, &
son appel releué en la Cour de Parlement , &
desirans les parties terminer & assoupir ledit

procez & differend cy-deſſus, éuiter à plus grãds
frais & vexation, par l'aduis, de leur conſeil
& amis, ont fait, traité & accordé ce qui enſuit, c'eſt à ſçauoir, que ledit A. s'eſt con-
tenté & ſe contente de ſe pouruoir & s'addreſſer pour la garantie, payement, & continuation deſdits 2;o. liures de rente & arrerages d'icelle à luy deubs & conſtituez par ledit Iacques, ſur ledit lot aduenu à iceluy
Iacques par le dit partage ſus-datté, conſiſtant
ledit lot en ladite métairie de Torron ſize
prés Mondidier, & ſix vingt liures de rente deubs par pluſieurs, & en a ledit A. deſchargé ledit quart de maiſon, & leſdits B.
C. D. moyennant, & à la charge expreſſe &
non autrement, que ledit B. eſdits noms, a
promis, ſera tenu, promet & s'oblige ſoli-
dairement de bien deuëment & vallable-
ment faire nantir & realizer ledit A. pour ledit A. pour ladite rente & arrerages de deux
cens cinquante liutes ſur ladite métairie de
Torron, & pour ce faire payer & debourſer à
ſes frais tous les deniers qu'il conuiendra, &
en fournir acte valable, & en bonne & deuë
forme audit A. dans vn mois prochain, auec
vn autre acte de certification valable & en
bonne & deuë forme, portant qu'il n'y aura
eu lors aucuns autres creanciers dudit Iacques
poſterieurs audit A. nantis & realizez ſur
ladite métairie, auſſi dans ledit temps, le
tout aux frais & dépens dudit B. eſdits noms,

& en cas de defaut de ladite certification, &
qu'il y euſt autres debtes dudit Iacques poſte-
rieures à celle dudit A. nanties & realizées
auparauant iceluy A. ſur ladite métairie, ou
qu'il arriuaſt guerre, qui empeſchaſt la iouyſſance d'icelle métairie, auſdits cas & chacun
d'iceux, ledit B. eſdits noms dés à preſent,
comme deſlors, & deſlors comme dés à preſent, s'eſt chargé, charge & s'oblige ſolidai-
rement, comme dit eſt enuers ledit André
à la garantie deſdites 250. liures de rente
entierement, & à luy fournir & faire valoir,
meſme payer & continuer icelle rente ſur les
lors deſdits B. C. & D. iuſques à la concurrence du quart de ladite maiſon de Paris, & des
biens qui auoieut eſté hypotequez à icelle rente, diſtraction toutefois prealablement faite des
ſix vingt l. de rente deubs par Philippe conte-
nus au lot dudit Iacques, leſquels ſix vingt liures de rente, ledit A. prendra en deduction, à la
charge que ledit B. luy fournira acte bon & valable qui portera que ledit Philippe payera les
arrerages de ladite rente audit A. & qu'il ne
pourra racheter icelle rente qu'en la preſen-
ce, & du conſentement dudit André, s'obli-
gera auſſi ledit Bernard eſdits noms ſolidai-
rement à la garantie d'icelle rente ; & non
plus auant. De maniere que ledit André fera diſcuter les biens dudit Philippes, a-
uant que s'addreſſer audit B. eſdits noms
le tout ſauf à iceluy B. eſdits noms ſon recours & repetition contre ledit Iacques,

& ſes biens , pour raiſon & recouurement de
tout ce que deſſus, deſpens, dommages & intereſts, ce faiſant les parties ſont hors de Cour
& de procez ſans deſpens, dommages ne intereſts de part & d'autre. Car ainſi , &c.

Hypoteque transferé entre la douairi-re, heritiers & creanciers d'vn defunt.

FVrent preſent A. creancier de defunt Claude d'vne part, B. veſue dudit defunt , d'autre part , C. heritier d'iceluy defunt encore
d'autre. Diſans les parties comme ainſi ſoit
que ledit defunt Claude auant ſon mariage
auec ladite B. euſt conſtitué audit A. &c. cent
liures de rente par contract du 3. dont eſt à preſent deub quatre années d'arrerages , faute de
payement, deſquels ledit A. auroit fait ſaiſir &
mettre en criées vne maiſon ſize à Paris qui
appartenoit audit defunt A. à laquelle ſaiſie, ledit C. ſe ſeroit oppoſé , & demandé main-leuée d'icelle, dautant que lors du contract de
creation de ladite rente , ladite maiſon n'appartenoit pas audit defunt , ains luy ſeroit ad-
uenuë depuis ſon mariage auec ladite B. par la
ſucceſſion de feu ſon oncle , que par ledit contract y auoit hypoteque ſpeciale de deux autres maiſons & vne ferme qui appartenoit

lors audit defunt, aufquelles ledit A. fe deuoit
addreffer; que c'eftoit vne collufion ; & intelligence entre ledit A. & B. pour penfer décharger lefdits heritages , fpecialement obligez, du
doüaire couftumier de ladite B. à deffein de le
prendre franchement & quittement , & reiet-
ter ladite rente fur ladite maifon faifie, qui
n'eft point affectée audit doüaire, à quoy par
ladite B. eftoit dit que ledit defunct par leur
contract de mariage luy auoit conftitué doüaire couftumier, au moyen dequoy elle auoit
droict de iouyr par vfufruict fa vie durant de
moitié defdites deux maifons & ferme & autres immeubles qui appartenoient audit defunct lors de fon mariage, qu'il eftoit veritable que la rente dont eft queftion a efté con-
ftituée auant fondit mariage, & que lefdits
biens fubiets audit doüaire y eftoient fpecialement affectez & hypotequez pour moitié,
mais que ledit defunt auoit auffi laiffé d'autres
biens non fubiets audit doüaire, entr'autres la
maifon faifie, qu'il n'eftoit pas raifonnable
que l'heritier euft icelle maifon & autres biens
non fubiets à doüaire , francs & quittes des
debtes & hypoteques dudit defunct, qu'en tout
cas il falloit contribuer à proportion du profit & émolument : fouftenu au contraire par
ledit C. que ladite B. ne pouuoit prendre fon
doüaire qu'en l'eftat qu'il eftoit , fçauoir eft
chargé des debtes anterieures à fon contract de
mariage, qu'elle ne deuoit profiter de ladite
maifon faifie & autres biens aduenus audit de-

funct Claude par la succession de son oncle
qui pouuoit ne pas arriuer, ioint que ledit oncle a laissé des debtes de son costé qu'il failloit
acquiter, dont ladite B. n'est point chargée
partant qu'il ne deuoit aucunement regarder
ny considerer la succession dudit oncle, & par
ledit A. estoit dit qu'il n'auoit point d'interest
sur quelle espece de biens dudit defunt Claude
son debiteur il se pourueust, que mesme il esti-
moit qu'il seroit contraint de faire saisir autres
biens, dautant que ladite maison saisie n'e-
stoit suffisante pour payer tant luy que autres
creanciers qui se presentoient, ioint les grands
frais des criées, adiudication, consignations &
ordres, que pour faire plaisir ausdits B. & C.
qui deuoient chacun moitié de sa rente, & é-
uiter ausdits frais, il offroit acheter ladite maison saisie à prix raisonnable & asseurance de
garantie, surquoy desirans les parties euiter à
procez, frais, dépens & vexation, de l'aduis
de leur conseil & amis, elles ont composé,
transigé & accordé ensemble ainsi qu'il ensuit, c'est à sçauoir que ledit C. a vendu, cedé,
quitté, transporté & delaissé par ces presentes
du tout dés maintenant à tousiours & promet
garantir de tous troubles, & empeschémens
generalement quelsconques audit A. ce acceptant pour luy ses hoirs, & ayans cause, ladite maison saisie size à Paris en la censiue audit
C. appartenant comme heritier seul dudit defunt Claude son cousin, & à luy aduenu par
le partage fait entr'eux des biens dudit defunt

funct leur oncle commun pour en iouyr par
ledit A à commencer ladite ioüiſſance du iour
de Noël prochain en auant, à la charge des
cens & droicts ſeigneuriaux pour toures &
ſans autres charges quelſconques, & outre
moyennant la ſomme de huict mil liures,
ſur laquelle ſomme a eſté deduit le principal
& arrerages deſdits trois cens liures de rente, le ſurplus payé comptant ſans aucunement deſroger ne preiudicier par ledit A·
à ſon hypoteque du iour & datte de ſondit contract de conſtitution & titres nor-
uels de ladite rente qui demeurent en leur
force & vertu pour ledit hypoteque & plus
grande ſeureté de garantie de la maiſon, &
outre a promis ledit C. de payer & acquiter la debte deuë à Simon pour laquelle il
s'eſt oppoſé aux criées de ladite maiſon ſuſ-
uenduë & en faire apparoir de quittance &
deſcharge valable audit A. dans trois mois
prochains, & encore d'acquiter toutes les autres debtes & hypoteques inceſſamment ſi
aucunes eſtoient deuës & pretenduës ſur
icelle maiſon, en ſorte &c. à peine & en ce
faiſant & moyennant ce que deſſus leſdits
B. & C. ont conuenu & accordé que ladite B. pendant ſa vie, & qu'elle ioüira dudit doüaire couſtumier, ſera tenuë comme
elle a promis & promet par ces preſentes
audit C. pour le dédommager de luy bailler & payer deux cens liures de rente par
chacun an aux quatre quartiers qui au-

ront cours de ce iourd'huy & continuer pendant sadite vie, à quoy elle a obligé & hypotequé specialement ledit doüaire coustumier &
vsufruict de moitié desd. deux maisons, ferme
& autres biens dōt elle doit iouyr aud. titre de
doüaire coustumier, ce faisant, ladite B.
iouyra dudit vsufruict franc & quitte de ladite rente de trois cens liures constituée aud.
A. debte deuë aud. Simon & autres debtes &
hypoteques quelsconques, tant dudit Claude que de sondit oncle, & ce pour ce qu'elle
en pourroit estre tenuë, car ainsi, &c.

Entre vn douairier & vn tiers
detempteur.

FVrent presens A. d'vne part & B. d'autre
Disans qu'ils sont en procez en la Cour de
Parlement, par l'appel interietté sur ledit B.
de la Sentence du Bailly du
en ce que ledit Bailly l'auoit condamné de
se desister & departir de la proprieté & iouyssance de la moitié d'vne maison & heritage
qu'il a acquis de Michel & Barbe sa femme
pere & mere dudit A. à cause du doüaire coustumier pretendu par ledit A. auec restitution
de fruicts depuis le iour de la contestation &
és despens, soustenant ledit B. pour grief &
moyens d'appel qu'il auoit acquis prescription
dudit heritage y ayant plus de trente-cinc

ans qu'il l'auoit acquis & en auoit tousiours
iouy paisiblement, & sans aucun contredit
au veu & sceu dudit A. mesme pendant trente-deux ans qu'il y a que ledit Michel est decedé, à l'instant duquel decez ledit A. auoit esté
fait proprietaire du douaire, qu'il ou son tuteur deuoit agir en petitoire contre ledit B.
pour interrompre la prescription, & d'abon-
dant, qu'il y a plus de douze ans que ledit A.
est maieur, que la prescription s'acquiert par
dix ans entre presens, & vingt-ans entre ab-
sens, que ledit A. a tousiours esté present, puis
qu'il demeure en la Coust. de l'heritage dont
est question, qu'il estoit bien rude d'inquieter
le proprietaire d'vn heritage apres trente-cinq
ans de possession paisible, à iuste titre & bonne
foy. Pour réponse ausdites causes d'appel, ledit
A. disoit qu'il demeure d'accord des temps
cy-dessus, mais que la demande dudit douaire
n'a esté ouuerte qu'au iour du decez de ladite
Barbe sa mere aduenu y a quatre ans seulement, & non au parauant que cette action ne
se pouuoit plustost intenter, d'autant que pour
demander ledit douaire, il faloit qu'il renon-
çast aux deux successions de pere & de mere,
car ils auoient tous deux vendu & promis solidairement garantir, qu'il estoit tenu de leurs
faicts, qu'il auoit bien renoncé à la succession
de son pere, mais estoit incertain s'il se por-
teroit heritier ou non de sa mere, que l'heritage estoit du propre de son pere, que le
douaire est le legitime des enfans & en sont

proprietaires dés le iour du mariage de leurs
pere & mere, partant que la Sentence estoit
iuridique, & que l'appel ne se pouuoit soustenir, & desirans les parties terminer ledit procez, & euiter vexations, & plus grands frais,
elles ont par l'aduis de leur conseil, traité &
accordé ainsi qu'il ensuit. c'est à sçauoir que
ledit A. s'est desisté & departy par ces presentes de ladite demande & action, pour raison
dudit douaire a renoncé & renonce à iceluy,
consentant & accordant que nonobstant ladite
Sentence qui demeurera nulle, ledit B. iouysse, fasse & dispose, luy ses hoirs heritiers &
ayans cause de ladite maison & heritages à
tousiours, comme bon leur semblera, promettant ne les en iamais rechercher ny inquieter, soit à cause dudit douaire ou autrement
en quelque sorte & maniere que ce soit sans
restitution de fruicts, & ce moyennant la so-
me de onze mil liures que ledit B. a promis,
sera tenu & s'oblige bailler & payer audit A.
&c. auquel payement ladite maison & heritages sont & demeurent par priuilege & hypoteque special, obligez, affectez & hypotequez, &
generalement, &c. ce faisant les parties sont
hors de cour & de procez, sans dépens, dommages & interests, de part & d'autre, car ainsi, &c.

Pour raison du payement des debtes en-
tre les heritiers paternels
& maternels.

FVrent present Denys heritier des propres
paternels de defunt Antoine d'vne part, &
Pierre des propres maternels dudit defunt,
d'autre part, & heritiers chacun par moitié
des meubles, acquests & conquests d'iceluy defunct, lesquels ont dit qu'ils estoient en voye
d'entrer en procez pour raison du payement
des debtes dudit defunct Antoine, si elles seroient payées entr'eux par moitié ou à proportion des biens & emolumens, dont chacun d'eux heritoit, ledit Denys soustenoit
qu'elles se deuoient payer par moitié, sans
s'arrester à ce que chacun d'eux amendoit,
que les biens ne les obligeoit au payement
des debtes, c'estoit la qualité d'heritiers
qui estoit égale entr'eux mesmes esgale de
meubles, acquests, au contraire soustenoit ledit Pierre, que lesdites debtes se deuoient
payer à proportion de l'emolument & profit, que c'estoit vne mesme succession
qu'il ne seroit pas raisonnable qu'vn heritier maternel ne succedant qu'à vn arpent
de terre, & le paternel à dix mil liures de ren
te, fut contraint de renoncer à sa part de l'he-

redité , que par la Couſtume cela a lieu entre
les heritiers des meubles & acqueſts , & ceux
des propres , ſans entrer en conſideration que
le mary peut creér des debtes pour enfler ſa
Communauté & charger les propres de la femme , ce qu'il ne peut faire directement , ſur
quoy apres auoir ſes parties conſulté leur differend à leurs Aduocats & conſeils , & eus aduis
que les debtes paſſiues ſe deuoient payer à proportion de l'émolument, elles ont declaré par
ces preſentes qu'elles ont bien calculé, & examiné les biens propres paternels & maternels,
& les acqueſts, debtes actiues & meubles dudit
defunct Antoine , enſemble les rentes & debtes hypoteques perſonnelles & mobilieres
qu'il deuoit , & pour éuiter à la priſée & ven-
tilation d'iceux , & aux difficultez & differends qui en poutroient naiſtre, ont leſdites
parties , par l'aduis de leur conſeil conuenu &
accordé , que ledit Denys heritier paternel
payera les cinq huictieſmes parties, & ledit
Pierre heritier paternel, les trois autres huictié-
mes de toutes les rentes & debtes deuës par
ledit defunct Antoine, tant par contract , obligations , promeſſes , ſentences, qu'autrement,
meſme les funerailles , non compris les habits
de dueil des parties, prendront & iouyront des
propres dudit defunct , de chacun leur coſté, &
partageront les acqueſts & choſes mobilieres
par moitié également, car ainſi.

*Sur les pretentions de la vefue & enfans
d'vn defunct condamné à mort, &
de l'heritier, & acquereur d'iceluy
defunct.*

FVrent prefent A. coufin de defunct Gedeon & plus proche & habile à luy fucce-
der, & encore donataire du Roy des biens d'i-
celuy defunct d'vne part, Damoifelle B. vefue
dudit defunct, tant en fon nom que comme
tutrice des enfans mineurs d'iceluy defunct &
d'elle, d'autre part, & C. acqueteur d'iceluy
defunct & de ladite Damoifelle B. encore d'autre. Difans les parties, comme ainfi foit, que
ledit defunct Gedeon ait efté condamné à
mort par defaut & contumace par arreft de la
Cour de Parlement de l'an 1637. que depuis
s'eftant iceluy defunct retiré en Poictou il fe
feroit marié en l'an 1640. auec ladite B. duquel
mariage feroient iffus trois enfans, que pendant iceluy ledit defunct Gedeon & B. fa femme auroient vendu & promis garantir audit
C. la ferme & mérairie de &c. qui appartenoit audit Gedeon de fon chef, moyennant
la fomme de fix mil liures payées comptant
par contract du   plus auroient vendu à
Paul vne autre ferme appartenant à ladite B.
de fon chef pour la fomme de huict mil liures,

dont ils auroient receu comptant quatre mil
liures, & incontinent apres seroit ledit Gedeon decedé. Disoit ledit A. qu'à cause dudit
Arrest de condamnation de mort rendu contre ledit defunct, il estoit deslors heritier d'i-
celuy defunct son cousin, & estoit saisi & fait
proprietaire de ses biens meubles & immeubles estans & assis és coustumes où confiscation n'a point de lieu, & en vertu du don à
luy fait par le Roy verifié en la Chambre des
Comptes, il estoit proprietaire, & à luy appartenoit les autres biens, meubles & immeubles d'iceluy defunct situez, & estans en autres
coustumes où confiscation a lieu, de tons lesquels biens ledit A. s'estoit emparé & auoit
intenté complainte contre ledit C. que deslors
du forfait pour raison ledit defunct auoit esté
condamné, il n'auoit plus aucuns biens, n'en
pouuoit disposer en quelque sorte que ce fust,
estoit incapable de se marier à l'effet de pro-
créer des enfans legitimes qui peussent estre
capables de sa succession, ny de faire aucunes fonctions ciuiles, partant que ladite B.
ne pouuoit pretendre aucun droit, dot, doüaire, ny autres conuentions de mariage, lesdits
enfans ne se pouuoient dire heritiers dudit
defunct, ny ledit C. vray detempteur de ladite métairie, dont ils deuoient tous estre
deboutez, ioint mesme qu'iceluy C. n'auoit
peu ignorer l'estat dudit defunt, son Arrest de
mort estans d'vn mesme pays, & l'estang

venu chercher à cent lieuës loin, qu'il n'a-
uoit pas baillé seulement trois mil liures audit defunct, & qu'il y auoit du dol & mauuaise
foy, à quoy de la part de ladite B. estoit dit,
que ses pere & mere l'auoient de bonne foy
& auec grand honneur mariée audit defunct Gedeon qui estoit lors Lieutenant d'v-
ne galere pour le Roy, connu & sa maison
& ses biens par gens de qualité, homme sa-
ge, bien conditionné, aimé & bien venu aux
plus grandes maisons de la ville, & ne se fust-
on iamais douté du pretendu estat de sa personne, que de son costé la bonne foy & l'honneur estoient entiers, que la condition d'elle & de ses enfans estoit considerable & assez
deplorable d'auoir eu vn tel mary & vn tel
pere, sans la vouloir spolier du bien d'elle,
& de la legitime mesme de ses enfans, que
c'estoit vne grande dureté, & laschceté audit
A. de diuulguer la mort de son parent pour
auoir son bien, que tout cela estoit contre
la loy & équité naturelle, concluoit à ce qu'il
luy fust adiugé sa dot, doüaire, remplace-
ment de propres & conuentions de mariage
sur tous les biens dudit defunct son mary,
dont ledit A. s'estoit emparé, & que ses enfans fussent declarez ses seuls & legitimes heritiers, & de la part dudit C. estoit dit qu'il
auoit acquis ladite métairie de bonne foy
dudit defunct & de ladite B. sa femme,
qu'il leur auoit baillé la somme de six mil

liures effectiuement en deniers comprans, que
ladite B. estoit sa garante solidaire, qu'il n'a-
uoit point sceu l'Arrest & l'estat de la personne
dudit defunt, ains l'auoit tousiours connu hó-
me d'honneur, concluoit à ce qu'il fust maintenu, & gardé en la possession & proprieté
d'icelle métairie, sinon que ladite B. fust tenuë
luy rendre ses deniers, dommage & interests &
dépens, sur tous lesquels differends & contestations seroit interuenu Sentence du Bailly
de, &c. par laquelle ledit A. a esté maintenu
en la possession de tous les biens, meubles &
immeubles dudit defunt Gedeon, & absous des
demandes de ladite B. & de ses enfans, ensemble de celle dudit C. sauf à luy à se pouruoir
ainsi qu'il aduisera pour le recouurement de
ses deniers, neantmoins ledit A. condamné
payer à ladite B. quatre cens liures & deux
cens liures à chacun des enfans, le tout de pé-
sion viagere par chacun an, pendant les vies
de ladite B. & de sesdits enfans, de laquelle
Sentence ledit B. & C. s'estoient portez pour
appellans en la Cour de Parlement où le procez est à present pendant & indecis, auquel ladite Damoiselle B. tant en son nom, que comme tutrice de sesdits enfans auroit presenté re-
queste, afin d'estre receuë opposante audit Arrest de condamnation donné par contumace, &
à iustifier l'innocence dudit defunct, & encore obtenu Lettres Royaux, entant que besoin
seroit afin d'estre déchargée de la garantie de
ladite métairie, & des demandes dudit D. Or

lesdites parties laſſées & attenuées des longueurs, vexations & grands frais dudit procez, deſirans terminer & eſteindre iceluy, afin
de viure en paix, elles ont par l'aduis de leurs
Aduocats, conſeil & amis tranſigé, compoſé &
accordé dudit procez, circonſtances & dépen-
dances d'iceluy en la forme & maniere qui enſuit, c'eſt ſçauoir, que ladite B. eſdits noms a
conſenty & accordé, conſent & accorde par ces
preſentes, que ledit A. ſoit maintenu & gardé en la poſſeſſion, iouyſſance & proprieté de
tous & chacuns les biens, meubles & immeubles qui ont appartenu audit defunct Gedeon,
fruicts & reuenus d'iceux de tout le paſſé, iuſ-
qu'à huy, & qu'ils luy demeurent & appartié-
nent pour en iouyr, faire & diſpoſer par luy
ſes hoirs, & ayans cauſe, ainſi que bon leur
ſemblera, ſans qu'elle ny ſeſdits enfans y
puiſſent iamais rien pretendre ny demander
pour quelque cauſe, & en quelque ſorte & maniere que ce ſoit, comme auſſi ledit C. a remis
& laiſſé en la diſpoſition dudit A. ladite métairie, & a renoncé à tout droit qu'il y pourroit pretendre, conſentant auſſi que ledit A.
en iouyſſe, faſſe & diſpoſe, ſes hoirs & ayans
cauſe, comme de choſe leur appartenant, &
moyennant ce que deſſus, ledit A. a accordé
& accorde par ces preſentes à ladite Damoiſelle B. & à ſes enfans, ſçauoir à icelle B. la ſomme de mil liures, & à chacun deſdits enfans
cinq cens liures le tout de penſion viagere par
chacun an, pendant les vies d'icelle B. & de

sefdits enfans payables aux quatre quartiers de l'an, & par aduance de chacun quartier, à commencer de ce iourd'huy, dont le premier quartier montant six cens vingt-cinq liures, a esté presentement payé & aduancé à ladite B. dont elle se contente, & ainsi continuer ladite aduance, au payement desquelles pensions, tous lefdits biens, meubles & immeubles, qui ont appartenu audit defunct Gedeon demeurent par hypoteque & priuilege special, affectez, obligez & hypotequez, & generalement y a ledit A. obligé & hypotequé, tous les siens presens & aduenir, & aduenant le decez de ladite B. & de sefdits enfans, & d'aucuns d'iceux, les pensions des decedez seront esteintes & admorties, comme aussi à l'esgard dudit C. & à la décharge de ladite B. sa garante ledit A. a promis bailler & payer de ses deniers audit C. la somme de quatre mil liures pour le remboursement de ladite métairie dans vn an prochain sans aucuns interests, de laquelle somme ledit A. ne pourra auoir aucune repetition contre ladit B. ny contre qui que ce soit, comme aussi ledit C. ne pourra repeter contre lesdits B. & A. ny contre qui que ce soit aucune chose des deux mil liures de surplus desdites six mil liures qu'il a payez pour le rachat de ladite métairie, & en ce faisant, & moyennant ce que dessus les parties se sont desistées & departies dudit procez, Lettres & incidens, sans autre

principal, dommages, intereſts, ny frais &
deſpens de part & d'autre, car ainſi a eſté accordé ſans preiudice à ladite B. de ſe pouruoir
contre la vendition par elle & ledit defunct
ſon mary faite audit Paul de ladite métairie
à elle appartenant de ſon chef.

Sur les dommages & intereſts à cauſe de la ſaiſie & decret d'vne maiſon, & empriſonnement faits en vertu d'vne Sentence de prouiſion.

FVrent preſens Meſſire Guy d'vne part,
Pierre & Iean d'autre, & Guillaume encore d'autre. Diſans les parties, que ledit Pierre
& Iean ſa caution ſe ſont obligez ſolidaire-
ment & par corps vers ledit ſieur Guy en la
ſomme de douze mil liures, reſtant du prix de
la ferme de la terre & Seigneurie, &c. par obligation paſſée pardeuant, &c. le, &c. en vertu
de laquelle obligation & faute de payement de
ladite ſomme ledit ſieur Guy auroit fait executer les meubles & beſtiaux deſdits Pierre &
Iean, ſaiſi la maiſon dudit Iean, à laquelle execution & ſaiſie, ils ſe ſeroient oppoſez, alleguás
qu'ils auoient payé prés de ſix mil l. en diuers
payemens aux Procureurs & ayans charge dud.
ſieur Guy, par quittances & pieces dont ils

feroient apparoir, de plus que par l'obligation
y auoit clause, qu'en remettant les granges &
pressoirs en bon estat, il seroit tenu leur deduire la somme de deux mil liures, auoient encore fait plusieurs fournitures & voyages pour
ledit sieur Guy, duquel ils offroient payer trois
mil liures, &c. qu'ils deuoient de surplus, lefquels payemens & choses cy-dessus, ledit sieur
Guy n'auroit voulu aduoüer ny aloüer, soustenant que c'estoit des defenses imaginaires, &
fins de non payer, & qu'il n'auoit rien receu
d'eux, surquoy seroit interuenu Sentence de
Monsieur le Preuost de Paris, le &c. par laquelle ledit Pierre & Iean sont condamnez
payer ladite somme de douze mil liures par
prouision en baillant par ledit sieur Guy caution sussifante. En vertu de laquelle Sentence
ledit sieur Guy auroit continué la saisie & criée
de ladite maison sur ledit Iean, qui auroit
esté adiugée par decret dudit Chastelet audit
Guillaume, duquel decret ledit Iean auroit interietté appel, auroit encore ledit sieur Guy
ait emprisonner ledit Pierre, soustenoient
flesdits Pierre & Iean que lesdites saisies, decret & emprisonnement deuoient estre declarez tortionnaires & iniurieux, & ledit sieur
Guy condamné en leurs dommages & interests & dépens, & ledit Guillaume condamné
de se desister de ladite adiudication & decret,
daurant qne les Sentences de Prouision, n'ont
fondement certain ny asseuré, & se peuuent
renuerser & annuler en diffinitiue, qu'elles

ne se doiuent executer qu'en ce qui est repa-
rable, & ne s'entend nt autrement que d'v-
ne execution prompte & sommaire, sçauoit
est sur choses mobilieres, que l'emprisonnement ne se peut reparer, il y a du scandale &
iniure, le decret de l'heritage est aussi irrepara-
ble, cette maison est le propre ancien dudit
Pierre, ne se peut estimer, ioint la difficulté,
voire quasi impossibilité qu'il y a à present de
s'asseurer d'vn heritage, que cette precipitation est trop dommageable, que ledit sieur
Guy auoit peu d'interest pouuant en moindre
temps faire iuger le principal qu'à faire decreter, que c'estoit seulement vne esperance de
faire trouuer argent par la violence, au contraire, disoit ledit sieur Guy, qu'il estoit fondé
en contract autentique, qu'il a peu faire de-
creer & emprisonner en vertu d'iceluy, que
lesdits Pierre & Iean ne se pouuoient preualoir de ladite Sentence de Prouision à l'effect de
surseoir l'execution de son contract, ains permet de l'executer selon sa forme & teneur,
que les meubles & bestiaux desdits Pierre &
Iean n'estoient pas suffisans pour payer vn
quart de son deu, ioint qu'ils les auoient de-
stournez; d'ailleurs la longueur telle des procez, que l'on pourroit rendre la prouision illu-
soire, que la caution qu'il a baillée reparera le
tort s'il y en a, bref, &c. de la part dudit
Guillaume estoit dit qu'il estoit adiudicataire
de bonne foy de la maison dudit Iean, auoit
contracté auec la Iustice, le decret à luy deli-

uré & pris poſſeſſion d'icelle maiſon, & qu'à
ſon égard ledit Iean eſtoit mal fondé en ſon
appel dudit decret, que ſi ledit decret a eſté
fait pour debte non deuë, comme il diſoit, il
s'en deuoit prendre audit ſieur Guy qui l'en
deuoit dédommager, que l'heritage à vn
prix certain reçoit eſtimation, & eſt au commerce ordinaire. Il n'y a ſi bel heritage qui ne
puiſſe eſtre recompenſé par vn autre : ſur leſquelles conteſtations & pretentions des parties
elles eſtoient en voye d'entrer en grande inuolution de procez, pour à quoy obuier, & à
plus grands frais & vexation, elles ont tranſigé, traité, & accordé par l'aduis de leurs Aduocats & conſeil en la forme & maniere qui enſuit, c'eſt à ſçauoir, que ledit Iean s'eſt deſiſté & departy par ces preſentes de l'appel de
ladite adiudication & decret, conſent & accorde que ledit Guillaume demeure proprietaire
de ladite maiſon, & en iouyſſe, faſſe & diſpoſe comme de choſe à luy appartenant, moye-
nant la ſomme de cinq cens liures de ſupplé-
ment, que ledit Guillaume a preſentement
baillée & payée audit Iean, dont & quittant,
&c. laquelle ſomme ledit Iean a auſſi preſentement baillée & deliurée audit ſieur Guy, qui
confeſſe l'auoir euë & receuë ſur & en deduction de ſon deub, dont auſſi, &c. quittant,
&c. ce faiſant leſdits Guillaume & Iean ont
conſenty & accordé, que ledit ſieur Guy prenne & reçoiue du Receueur des Conſignations
la ſomme de quatre mil cinq cens liures, &c.

à quoy monte l'adiudication de ladite maison , que ledit Guillaume a consigné en ses
mains , & qu'en payant , ledit Receueur en
soit demeuré valablement deschargé , laquelle somme ledit sieur Guy deduira aussi sur
sondit deub , plus ledit sieur Guy deduira encore sur sondit deu la somme de trois cens
liures , à laquelle somme a esté conuenu pour
les dommages & interests dudit Pierre à cause
de l'emprisonnement de sa personne , &
compteront lesdits sieur Guy , Pierre & Iean
ensemble dans trois mois en la presence de
leurs Aduocats du contenu en ladite obligation & des payemens faits sur icelle , & repre-
senteront ladite obligation, quittances & pieces, ce faisant les parties sont & seront hors
de cour & de procez , sans autres dommages
& interests de part ne d'autre , & a ledit Pierre promis , & sera tenu rendre & payer audit
Iean tout ce qu'il a payé & pourra payer
pour luy , à cause de ce tant en principal que
d'épens, dommages & interests, suiuant sa promesse d'indemnité, car ainsi, &c.

E

Sur vente d'heritages deguerpis &
abandonnez. & distribution des
deniers à l'amiable.

FVrent present A. creancier de feu son pere
à cause du doüaire de sa mere, d'vne part,
& ʙ. C. & D. creanciers desdits pere & mere.
Disant ledit A. qu'ayant renoncé aux successions de sesdits pere & mere, & s'estant tenu
au doüaire constitué à sadite mere par sondit
pere, il auroit obtenu Lettres pour faire casser les contracts de ventes faits à Iean d'vne
ferme & heritages qui ont appartenu audit pere de son propre, & se desister de la possession
pour cauie de lezion, en mesme temps les
creanciers sus-nommez auroient fait assigner
ledit Iean pour deguerpir ou payer leurs debtes, surquoy par Sentence a esté dit que
ledit Iean deguerpira, & sera ladite ferme
venduë & adiugée par decret, sauf audit ean à se pouruoir sur le prix comme
les autres creanciers, & pretendoit ledit
A. auoir preference pour sondit doüaire, au
contraire soustenoient lesdits creanciers deuoir estre preferez pour le regard de la dot
de la mere leur debitrice qui doit preceder
le doüaire, & de plus ledit D. demandoit
estre payé par priuilege & preference à

tous fur la maifon de la fomme de onze mil
liures, qu'il auoit preftez aufdits defuncts,
& qui auoit eité employée aux meliorations
d'icelle, comme il faifoit apparoir par l'o-
bligation & acte defdits employs & fubroga-
tions, furquoy & confiderans les grands
frais & droicts qui fe font & leuent à prefent fur les adiudications & decrets, que le
bien n'eft pas fuffifant pour les fatisfaire
les parties par l'aduis de leurs Aduocats &
confeil, & pour euiter à procez entr'eux
fur ledit ordre, ont traité & accordé, ainfi qu'il enfuit, fçauoir, que lefdites ferme
& heritages, maifon & rentes de la ville,
& les autres biens defdits defuncts feront
vendus à l'amiable par tous lefdits creanciers ou fix d'entr'eux, fçauoir, &c. à celuy ou
ceux qui en offriront le plus & feront la condition meilleure, & à telles charges & conditions qu'il fera aduifé, & à cette fin s'affem-
bleront tous les Ieudis en la maifon de Corrozet l'vn des Notaires fous-fignez, & que
fur le prix qui prouiendra de ladite maifon,
ledit D. fera colloqué, payé par preference
de la fomme de deux mil liures, interefts d'i-
celle & defpens, laquelle fomme il auoit pre-
ftée pour reparer & meliorer ladite maifon,
comme il a valablement iuftifié, & fur le furplus dudit prix, enfemble du prix de ladite
ferme, heritages & rentes, ladite defuncte
mere fera par preference colloquée pour la
fomme de fix mil liures, ftipulez propres

par son contract de mariage , sur laquelle
somme de six mil liures , lesdits creanciers
viendront en ordre pour les principaux & arrerages de leurs rentes & debtes , selon les
dattes , priorité & hypoteque entr'eux de
leurs contracts & obligations, & apres ladite
somme de six mil liures prise, viendra ledit
A. en ordre, & sera colloqué & payé sur le
prix restant desdites ventes de la somme de
cinq mil liures pour le principal de 250. liures
de rente de doüaire prefix , & de la somme
de douze cens cinquante liures pour les arrerages, & apres toutes ces sommes prises, les
parties viendront en ordre sur ce qui restera
desdits prix , selon les dattes de leurs contracts
& obligations, pour ce qu'il leur pourra rester
& estre deub , & pour la plus grande facilité
& acceleration desdites ventes & seureté des
acquereurs , les creanciers qui receuront, bail-
leront caution de rapporter ce qu'ils touche-
ront desdits prix , où s'en constitueront cau-
tions iudiciaires & depositaires pendant certain temps , iusques à ce que les acquereurs
ayent fait decreter autrement , selon & ainsi
qu'il sera aduisé auec lesdits acquereurs.

Seruitudes entre deux maisons voisines.

FVrent present A. adiudicataires par decret d'vne maison, size ruë saint Antoine, où est pour enseigne l'Escu, d'vne part, & B. proprietaire d'vne autre maison estant sur le derriere d'autre part. Disans les parties qu'ils ont veu & reconnu par les anciens tiltres, que lesdites deux maisons ont appartenu au sieur Nicolas, & n'estoit lors qu'vne seule maison consistant en deux corps d'hostel, cour & puits au milieu, lequel Nicolas auoit plusieurs enfans, & auoit de son viuant fait partage entr'eux de ses biens, & d'icelle maison fait deux lots qu'il auroit destinez & composez, sçauoir l'vn du corps d'hostel de deuant, où est pour enseigne l'Escu, & l'autre du corps d'hostel de derriere cour & puits, à la charge que l'allée de passage pour aller de la ruë audit corps d'hostel de derriere, & le puits demeureroient communs, comme aussi que le proprietaire du logis de derriere pourroit faire deualer le vin de sa prouision par la trappe & descente droite du logis de deuant, & passeroit ledit vin à trauers de la caue de deuant pour entrer en la caue de derriere, par vne porte que ledit logis de derriere entretiendroit, & qui se-

E iij

roit fermée des deux coftez, feroit aduenu
que ledit logis de deuant auroit efté faifi &
adiugé par decret du Chaftelet audit A. auquel decret ledit B. ne fe feroit oppofé pour
raifon des feruitudes cy-deffus, & fouftenoit
iceluy B. qu'il n'auoit point efté befoin qu'il
s'oppofaft, parce que c'eftoient droicts & feruitudes, vifibles que ledit A. adiucataire n'a-
uoit peu ignorer, que la veuë & vfage iour-
nalier dudit paffage & deualage du vin eftoit
vne vraye oppofition & conferuation, qu'il
eftoit fondé en tiltres & en poffeffion imme-
moriale, à quoy de la part dudit A. eftoit dit
que pour la conferuation de tous droicts pretendus fur vn heritage faifi, il faloit neceffai-
rement s'oppofer à peine d'exclufion, qu'autrement il n'y auroit d'affeurance, qu'vn adiudicataire achete de bonne foy conrracte a-
uec la luftice fuiuant le contenu aux affiches
& publications, qu'en icelle n'eft fait mention
d'aucune feruitude, que ledit B. auoit vn autre paffage pour fon logis de derriere par la
ruelle, & que la feruitude de fouffrir d'aua-
ler le vin eftoit cachée, & n'euft peu ledit
A. quant à ce deuiner lad. feruitude, ioint que
ledit B. a vne porte de fa caue dans la cour,
par laquelle il ferre fon bois, & peut faire
de mefme de fon vin, fur lefquelles conteftations les parties eftoient en voye d'entrer
en grand procez, & defirans l'euiter & aux
frais & vexations, elles ont fait voir les
lieux, & pris confeil de leurs Aduocats, &

de l'aduis d'iceux ont traité & accordé, ainſi
qu'il enſuit, c'eſt à ſçauoir, que ledit A. a reconnu & accordé que le defaut de s'eſtre oppoſé par ledit B. à la ſaiſie & decret dudit logis de deuant pour ledit paſſage & communauté de l'allée ſus-dite n'a point nuy ne
preiudicié audit B. ny à ſes tiltres, & dauan-
tages ledit A. a cedé & tranſporté audit B.
tout le droict de communauté & proprieté
qu'il pouuoit auoir & pretendre en quelque
maniere que ce ſoit audit droict de paſſage & allée ſuſdite, conſent qu'icelle allée & paſſage ſoit demeuré & appartienne
entierement audit B. ſes hoirs & ayans cauſe, & en faſſent & diſpoſent comme de leur
propre choſe, ainſi que bon leur ſemble-
roit pour icelle allée & paſſage eſtre & demeurer à touſiouts ſeparé & hors des apparte-
nances dudit logis de deuant, & eſtre & demeurer annexé & ioint audit logis de detrie-
re, ſans que ledit logis de deuant y puiſſe
iamais auoir aucune pretention, droict ny ſeruitude quelconque, comme auſſi a eſté reconnu & accordé que le defaut de s'eſtre
oppoſé par ledit B. audit decret pour raiſon
de la ſeruitude & ſouffrance du deualage du
vin dudit B. par la trappe & deſcente dudit
logis de deuant a preiudicié audit B. & la
exclud & fait perdre ledit droict, & d'abon-
dant entant que beſoin ſeroit ledit B. y a
renoncé, & s'eſt deſiſté de ſa demande
pour raiſon de ce promettant n'en iamais

inquieter ledit A. ſes iours & ayans cauſe
proprietaires dudit logis de deuant, léquel
il a déchargé & affranchy dudit droiĉt de
deualage dudit vin , & à cette fin la porte
d'entre les deux caues ſera bouchée & murée, &
outre au moyen de ce que deſſus, eſt conuenu &
accordé que pour la cómodité & cómunauté du
puits, ledit A. prendra dáns la cour vne encla-
uë de dix pieds de large, au long de ſon mur
qui ira en arondiſſant iuſques au milieu de la
bouche dudit puits pour y tirer de l'eau de
coſté & d'autre , laquelle enclaue ſera de dix
pieds de hauteur , & ſera faite de charpente-
rie & maſſonnerie ſuffiſante pour vne ſeparation entre deux voiſins , & ſera entretenuë à
touſiours le tout aux deſpens dudit A. & ſera
le curage & nettoyement dudit puits fait à
frais communs, auſſi eſt conuenu que les eauës
du logis de derriere paſſeront par deſſus le
logis de deuant par le conduit d'vne gouſtie-
re qui ſera faite & entretenuë aux dépens du
B. cat ainſi, &c.

Sur la reſciſion d'vn contraĉt de tran-
ſaĉtion entre vn tuteur &
de ſon mineur.

FVrent preſens François d'vne part & Michel d'autre. Diſans que dés le mil ſix cens
trente neuf ils anroient paſſé contraĉt de tran-

faction enfemble , pour raifon de la tuition &
adminiftration que ledit François auoit euë de
la perfonne & biens dudit Michel, par laquelle
ledit Michel auroit déchargé ledit François de
la redition de fon compte , mefme ratifié &
confirmé l'adiudication par decret faite audit
François d'vne maifon qui appartenoit audit
Michel fur luy faifie , le tout moyennant la
fomme de feize cens liures que ledit François
luy auroit payée, contre lequel contract ledit
Michel auroit obtenu Lettres royaux de reci-
fion le   1648. fondées fur ce
que ledit Michel n'auoit eu connoiffance de ce,
furquoy il auoit tranfigé , fçauoir de la recepte
& dépenfe que ledit François auoit faite pour
luy comme fon tuteur, dont il n'auoit iamais
rien veu par efcrit, qu'il y auoit du dol , en
ce que le tuteur fçauoit s'il deüoit ou s'il luy
eftoit deub, ce qui n'eftoit pas en la connoiffance du mineur. Apres que ledit François n'a
peu ny deu fe rendre adiudicataire de la maifon dudit Michel , que ce peut eftre luy qui en
a ponrfuiuy les criées & decret , indirectement
fous le nom d'autruy, afin de s'approprier cette maifon , & outre que par ledit decret & ordre , ledit Michel a veu que ledit François a
fait entrer au prix d'iceluy vne fomme de
quinze cens liures dont il auoit pris ceffion
d'vn pretendu creancier de fon pere, qu'il
eft bien aifé à vn tuteur de mauuaife confcience , qui s'eft faifi des titres & papiers de fon
pupile , de trouuer des creanciers de fon hu-

meur, defquels il prendra ceffion pour peu de chofe qu'en cas moins fauorable, les pactions faites au profit des Officiers des droits & procez pendant en leurs iurifdictions, font reprouuées, qu'il y va de l'intereft public, il y a du dol, que fi la debte eft deuë il l'a doit acquiter pour fon mineur & non pas en prendre ceffion pour en profiter à fon preiudice, qu'il eft conftant que tout tuteur, & autres perfonnes qui ont manié le bien & affaire d'autruy, en doiuent rendre compte par le menu, que fi ledit François euft ainfi dreffé fon compte, il y euft employé tout ce qu'il a receu, dépenfé, & geré, & ledit Michel euft veu & examiné chacun article & les euft accordez ou debatus felon raifon, & n'euft pas alloüé cette fomme de quinze cens liures, concluoit palefdites lettres, ioint qu'il eftoit dans le temps de reftitution, que ladite tranfaction fuft caffée & refcindée, & les parties remifes en pareil eftat qu'elles eftoient au parauant icelle, à quoy de la part dudit François eftoit allegué la faueur des tranfactions que l'Ordonnance reiette toute lezion, & n'a donné qu'vn feul moyen de les retracter, fçauoir eft quand par dol elles font faites, Or il fouftient qu'il ne fe trouuerra nul dol ny mauuaife foy de fa part, qu'il faut confiderer qu'il a tranfigé auec vn maieur aagé de vingt huict ans, qu'il ne s'agift que de fruicts & de meubles, dont la libre & entiere difpofition appartient au maieur, bien que le tuteur deuft par la reddition de son compte, l'oyant luy a peu remettre & donner, que par le contract de transaction, il se void que ledit Michel n'a desiré decompter, afin d'euiter aux debats, procez & aux frais, que comme le tuteur ne seroit receuable à se departir de la transaction pour auoir accordé plus qu'il n'eust deu par l'issuë du compte, par mesme raison sa partie aduerse maieur, est mal fondée sous pretexte d'vne lezion de s'en vouloir departir, quant à l'adiudication par decret de la maison, dit ledit François que ledit Michel a tort de l'accuser d'intelligence, qu'il se verra par les procedures les poursuites & subrogations aux criées de trois creanciers legitimes, les remises & delais, en fin que si ledit Franços n'eust enchery, ladite maison eust esté adiugée à vil prix, soustenant qu'il n'y a aucun vice ny doute, neantmoins offroit rendre ladite maison audit Michel sans fraude, en le remboursant du prix principal & interests d'iceluy, à raison de l'Ordonnance au lieu du loyer & de ses meliorations, frais & loyaux cousts, & pour le regard de la cession qu'il auoit euë de cette somme de quinze cens liures, dit que la raison en est, que le creancier d'icelle estoit le plus rigoureux, & s'il ne l'eust fait, que ladite maison eust esté deslors venduë à vil prix, que la debte estoit legitimement deuë, que ledit Michel n'a uoit interest, ou que son tuteur, ou vn estranger fust son creancier, ioint qu'il n'auoit aucuns deniers à luy , au contraire , sur lesquelles contestations les parties estoient en voye d'entrer en grande inuolution de procez , pour terminer & iuger lequel à l'amiable & entretenir la paix comme leur proximité le requiert , elles auroient nommé & conuenu de nobles sommes leurs Aduocats pour arbitres & amiables compositeurs par compromis passé entr'eux le , &c. sur les peines y contenuës , de l'aduis desquels arbitres , elles ont fait , transigé & accordé ainsi qu'il ensuit , c'est à sçauoir que lesdites parties en consequence desdites lettres de rescision , se sont desistées & departies par ces presentes dudit contract transaction susdatté , consentent & accordent qu'il soit & demeure nul , comme non fait ny aduenu , ce faisant , sera ledit François tenu & a promis presenter dans vn mois le compte de la tuition , regime & administration qu'il a euë de la personne & biens dudit Michel , depuis qu'il a esté esleu son tuteur , iusques au temps que ladite charge a esté finie , & iceluy compte rendre & examiner incessamment pardeuant lesdits sieurs arbitres par l'aduis & iugement desquels & du tiers suiuant ledit compromis , lesdites parties passeront pour la vuidange & decision des debats , qui se pourront former sur les articles dudit compte , sur les peines contenuës audit compromis , auquel compte ledit François couchera en despense ladite somme de seize cens liures payée audit Michel par ladite transaction qui

luy fera alloüée, comme aufli ledit Michel a
ratifié par ees prefentes ladite adiudication par
decret faite audit François de ladite maifon,
confent qu'elle ait lieu, tienne & forte fon
plein & entier effet, ce faifant, que ledit François iouyffe, faffe & difpofe, fes hoirs, & ayás
caufe d'icelle maifon comme de chofe leur appartenant, & que fur le prix d'icelle, ladite
fomme de quinze cens liures à luy cedée luy
foit entierement deduite & entre aud prix ont
auffi compenfé & compenfent les loyers de ladite maifon & interefts du reliqua dudit compte, fi aucun eft dëub, auec les interefts defdites fommes de feiz ecens liures, & quinze cens
liures dont les parties fe quittent refpectiue-
ment l'vn d'eux l'autre, & moyennant ce que
deffus, ledit François ne couchera aucune chofe en defpenfe audit compte, pour fes falaires
de la geftion de ladite tuition, dont dés à prefent il tient quitte ledit Michel, car ainfi,
&c.

Pour raifon des baftimens faits de nou-
ueau fur l'emphiteofe.

FVrent prefens Marguilliers de la fabrique
de faint Germain d'vne part & françois
d'autre. Difans qu'en l'an 1549. le premier Iuillet par contract paffé pardeuant No-

faires les lors Marguilliers de ladire Fabrique baillerent à emphiteose à Iean bizayeul
dudir François pour 80. dix neuf ans vne mazure size à Paris ruë de la Vannerie, à la charge de huict liures de penſion annuelle payable à ladite Fabrique, & d'y baſtir vne maiſon, iuſques à la concurrence de la ſomme de
quatre cens eſcns, lequel bail amphiteotique
finiſſoit la preſente année, & entendoient leſdits Marguilliers r'entrer en la proprieté &
poſſeſſion dudit lieu & maiſons baſties deſſus,
mais diſoit ledit François qu'ayant ignoré
l'emphiteoſe il auoit depuis peu baſty pour
quatre mil eſcus plus qu'il n'eſtoit tenu, demandoit ou qu'on luy rende cette ſomme ou
qu'on luy prorogeaſt l'emphiteoſe ou qu'il luy
fuſt permis de remporter les materiaux, autrement, que ce ſeroit auoir le bien d'autruy
iniuſtement & contre l'intention de Dieu &
de l'Egliſe, & plus mal ſeant qu'à nul homme
à quoy de la part deſdits Marguilliers eſtoit
dit, que les baſtimens que ledit François a
fait faire ſont couformément au contract,
dautant qu'il y a c. ans que l'on baſtiſſoit plus
pour quatre cens eſcus, qu'on ne fait à preſent pour quatre mil, que lors l'intention e-
ſtoit de faire & rendre le baſtiment comme il
eſt, d'ailleurs il eſt certain qu'en bail emphiteoſe fait à longues années on ne peut repeter
les meliolorations, baſtimens, & augmenta-
tions faites par l'emphiteotaire qui ſçait le
bail, que s'il en fait plus qu'il n'eſt tenu, il

est reputé l'auoir fait pour la commodité & donation qu'il en fait à l'Eglise, que l'on ne peut
baftir fur le fond d'autruy en intention de
repeter, mefme peut la Fabrique dire qu'ayát
ledit François rebafty cette maifon depuis
cinq ans ainfi qu'elle eft, & s'il n'a eu la de-
uotion de faire ledit don, il la donc fait par
dol à deffein de forcer la prorogation dudit
bail, car de luy rendre l'argent il faudroit vendre le fond, faire prorogation, cela feroit en
effect rendre l'emphiteofe perpetuelle, &
de remporter les materiaux, n'y a apparence ny profit audit François, ioint qu'il
doit confiderer que luy & fes predeceffeurs
ont iouy de cette maifon pour peu de chofe. Replique par ledit François, que c'eft
vne dureté & iniuftice defdits Marguilliers
& Anciens, c'eft qu'en leur particulier ils trai-
teroient auec plus de confcience & efgalité,
qu'ils fe doiuent faire iuftice à eux-mefmes
& non pas la requerir des Iuges qui font
ordinairement portez de trop de charité
pour l'Eglife, ioint que la Fabrique eft prou
riche : fur ces conteftations, les parties e-
ftoient en termes d'entrer en grand procez, pour à quoy obuier & aux frais & vexations elles ont par l'aduis de Monfieur le
Curé & des Anciens & de leur confeil, traité & accordé, ainfi qu'il enfuit : c'eft à fçauoir, que ledit François a rendu, remis &
delaiffé par ces prefentes a ladite Fabrique,
ce auceptans par lefdits Marguilliers la-

dite maiſon , lieux & baſtimens en l'eſtat
& ainſi que le tout ſe comporte à preſent pour
en iouyr , faire & diſpoſer par ladite fabrique
en pleine proprieté, comme de choſe luy appartenant , & ainſi qu'elle aduiſera bon eſtre à
commencer du premier Iuillet dernier paſſé ce
iour de l'expiration dudit bail emphiteoſe, en
faueur & conſideration dequoy & deſdits baſtimens leſdits Marguilliers & autres ont pro-
rogé & continué audit François, ce acceptant
la iouyſſance d'icelle maiſon , baſtimens &
lieux , par forme de bail à loyer pour huict années commençans audit iour premier Iuillet
dernier, moyennant leſdites huict liures pari-
ſis par chacune deſdites années, à la charge
d'entretenir par ledit François ladite maiſon,
baſtimens & lieux de groſſes & menuës repa-
rations , & les rendre & de laiſſer en bon eſtat
d'icelles à ladite fabrique en fin deſdits huict
ans , & au moyen de ce les parties ſont hors
de cour & de procez ſans autre recompenſe,
dommages, intereſts ny deſpens de part &
d'autre

Sur la ceſſion des droits litigieux.

FVrent preſens A. d'vne part , & B. & C.
d'autre part. Diſans qu'ils ſont en procez
pour raiſon de la ceſſion & tranſport qui a eſté
fait audit A. par Nicolas couſin deſdits Bernard

hard & C. du tiers d'vne maison & autres
biens & droicts, qui luy appartenoient comme
heritier, pour vn tiers de feu Antoine leur
oncle, par contract du, &c. en la possession &
iouyssance desquels biens ledit Antoine auroit
esté empesché par lesdits B. & C. qui soufte-
noient que ledit A. deuoit receuoir son remboursement de ladite cession, & leur en faire
declaration & subrogation en ses droits, attendu qu'ils auoient grand interest que ledit A.
n'eust communication des droicts & secrets de
leur famille, afin d'éuiter qu'il ne les vexast
& trauaillast, qu'en ce regard n'y auoit point
de difference entre ces droicts cedez & ceux
litigieux, que le partage est compris au litige,
que la Loy permet aux cohetitiers & interessez de rembourser l'acquereur, mesme la rente si elle auoit esté baillée en eschange, qu'il
estoit sans interest, puis qu'il ne perdoit rien,
& qu'on le remboursoit de tout, mesme des
lots & ventes entierement, bien qu'il n'en eust
payé qu'vn tiers ou moitié au plus, n'estoit heritier, ny legataire, ny donataire, & que ce n'e-
stoit qu'vn desir de gagner & de retirer beaucoup de ce qu'il auoit eu pour peu de chose, à
quoy de la part dudit A. estoit dit qu'il auoit acquis dud. Nicolas vn tiers de maisó, & des droits
certains, clairs & liquides, & non litigieux,
qu'il est permis d'en negocier comme de tous
autres biens, droicts & debtes claires & liquides, desquelles le debiteur n'est receuable
d'en demander la subrogation, autrement que

ce feroit aneantir & détruire toutes les cef-
fions & tranfports, parce que bien fouuent
vne chofe cedée ne fe vend & ne fe cede pas
pour fon iufte prix, bien qu'elle foit certai-
ue, claire & liquide, dautant que le cedant
peut auoir befoin d'argent prefentement, &
l'acquereur en emprunte à gros interefts, ou
s'incommode : d'ailleurs que la chofe cedée
& le debiteur font de difficile recouurement & conuention, que l'an du retrait
eft paffé, & l'heritage fe peut toufiours lici-
ter, fur quoy les parties eftoient en voye
de grande inuolution de procez : or defirans
affoupir & terminer ledit procez & euiter
à plus grands frais & vexation, elles ont
par l'aduis de leur confeil, tranfigé & accordé ainfi qu'il enfuit, fçauoir, que ledit A. a
fubrogé & fubroge par ces prefentes lefdits B.
& C. en ladite ceffion qui luy a efté faite par
ledit Nicolas dudit tiers de maifon & autres
biens & droicts par ledit contract cy-deffus
datté, enfemble aux loyers & interefts, declarant ledit A. qu'il n'en a receu aucune chofe,
confentant & accordant qu'ils en iouyffent,
faffent & difpofent leurs hoirs & ayans
caufe, ainfi que bon leur femblera, & comme de chofe leur appartenant, & leur a
baillé & mis és mains ledit contract, le
tout fans garantie ny recours quelconque
en quelque forte & maniere que ce foit,
finon de fes faits & promeffes feulement,
& ce moyennant la fomme de deux
mil liures fçauoir quinze cens liures

pour son remboursement de ladite cession, &
cinq cens liures de supplément, & récom-
pense pour ses lots & ventes, loyers & interests, frais, despens & loyaux cousts, le tout
payé comptant, &c. dont, &c. ce faisant, les
parties se sont mises hors de cour & de procez sans autres despens, dommages, ny interests de part & d'autre, car ainsi, &c.

Sur vn retraict lignager par vn frere sur sa sœur, enfans de deux lits.

FVrent presens A. demanderesse en retrait
lignager d'vne part, & B. & C. ses freres
consanguins deffendeurs, d'autre. Disans que
defunct Noble Fabrice leur pere ayant deux
filles de son premier lict, sçauoir ladite A. &
Damoiselle Agnes, & lesd. B. & C. de son 2. lict,
mariant lad. Agnes l'auoit fait renoncer tant à la
succession écheuë de sa mere qu'à la sienne
future espouse au profit de ses enfãs masles de
son second mariage, moyennant la somme
de dix-huict mil liures, qu'apres le decez du
pere la dite Agnes obtint Lettres Royaux
pour estre releuée de ladite renonciation &
r'entrer és successions de ses pere & mere.
Sur le procez interuint transaction entre ladite Agnes, & lesdits B. & C. par laquelle elle

ratifia le contract de renonciation, moyennant la somme de six mil liures de supplémér,
que dans l'an de ladite ratification, ladite A.
sœur de pere & de mere de ladite Agnes, a demandé par retrait lignager la part des propres,
& acquests de leur mere qui auoient appartenu à ladite sœur par la succession d'icelle, soustenant ladite **A.** par ce moyen, que ladite renonciation estoit reputée pour vendition, &
qu'elle ne prenoit sa force que de la ratification, auparauant laquelle lesdits B. & C. ne se
pouuoient dire Seigneurs incommutables du
droict; d'ailleurs que lors de ladite renonciatió,
ladite Agnes estoit mineure sous la puissance de
son pere auquel elle n'auoit osé desobeyr, de
plus qu'il n'y auoit infeodation, saisine ny insinuation, à quoy par lesdits B. & C. estoit
soustenu au contraire, que ladite A. n'estoit
receuable, parce que le dernier contract n'est
qu'vne transaction qui a effet retroactif au
premier, qu'elle ne vient dans l'an, ains bien
long-temps apres, sur quoy par Sentence du
&c. ladite A. a esté receuë au retrait lignager des
propres & acquests escheus à ladite Agnes par
le decez de sa mere, le iour mesme d'icelle ladite A. fait offre en continuant ausdits B & C.
de la somme de quinze mil liures, sauf à repeter ou à parfaire suiuant la Coustume, laquelle
offre ils auroient refusée & interietté appel de
la Sentence releué en la Cour, & desirans les
parties terminer leur differend, obuier à de plus
grands frais & vexation, entretenir la paix

comme leur proximité le requiert : elles ont
par l'aduis de leur conseil, parens & amis, transigé , composé & accordé ainsi qu'il ensuit, sçauoir que lesdits B. & C. ont delaissé & delais-
sent par ces presentes à ladite A. ce acceptant,
la moitié , à laquelle ladite Agnes auoit renoncé à leur profit de la maison size à Paris, heritages siz à &c. & rentes sur l'Hostel de Ville,
dont l'autre moitié appartient à ladite A. le
tout qui a appartenu à leur mere de son propre, comme aussi ladite A. a remis, cedé &
delaissé ausdits B. & C. ce acceptant, le quart
auquel ladite Agnes auoit renoncé à leur profit
de la maison size à Paris rue, &c. & métairie
de, &c. qui auoient appartenu à ladite Agnes
comme heritiere pour moitié de sadite mere,
& prouenu de la communauté qu'icelle mere
auoit euë auec ledit feu Fabrice son mary pere
des parties : plus, ladite A. a cedé, quitté & delaissé ausdits B. & C. l'autre quart qui luy appartient de son chef, comme heritiere pour
moitié de sadite mere en ladite maison, &
métairie pour desdites choses cy-dessus delais-
sées respectiuement iouyr &c. à commencer
ladite iouyssance, &c. & outre ce , ladite A. a
presentement baillé & payé ausdits B. & C.
qui confessent auoir eu & receu d'elle presens
les Notaires la somme de quatre mil liures de
supplément & soulte, dont en quittant, &c.
transportant tous droicts , de part & d'autre,
&c. desaisissant, &c. & au moyen de ce, les parties sont hors de cour & de procez.

Transaction pour raison d'vne rente creée par vne femme separée de biens.

FVrent presens A. Escuyer sieur de d'vne part, & Dame B. femme separée de biens de Paul, d'autre part. Disans les parties que dés le   1644. ledit A. presta à lad. Dame B. la somme de trois mil six cens liures, pour laquelle elle luy constitua deux cens liures de rente sur tous ses biens, meubles, immeubles, par contract dudit iour passé pardeuant   Notaires, qu'à faute de payement des arrerages de ladite rente, ledit A. auroit fait saisir & mettre en criée la terre & métairie de appartenante à ladite Dame, qu'icelle Dame du vouloir & authorité de son mary auroit obtenu Lettres Royaux pour faire casser & rescinder ledit contract, fondée sur ce que sa separation ne l'ostoit pas hors de la puissance de son mary, qu'elle ne s'estendoit qu'à la disposition de ses meubles & reuenus de ses immeubles, faire baux à loyer à l'effet de la separation pour sa nourriture & entretenement, & non pour l'alienation, & en autre suiet regardant l'immeuble, que par le contract de constitution ses immeubles y sont obligez & affectez,

que mesme ledit A. n'est pas receuable à re-
straindre, comme il se propose, l'effet & execution dudit contract sur les meubles & reuenus des immeubles, estant tel contract nul de
soy pour le tout, que quand mesme ce ne seroit qu'vne obligation d'vne somme mobilie
re, & non excedant le reuenu, elle seroit nulle, daurant qu'elle a traict sur l'immeuble, & a
hypoteque sur iceluy, qu'elle a iustifié audit
A. l'acte de son mary, portant qu'il n'entend
l'authoriser, ains desaduouë ledit contract
de constitution : que nonobstant lesdites
Lettres & raisons cy-dessus, pource que de
bonne foy elle reconnoist que ledit A. luy
a librement & de bonne volonté presté ses
deniers, elle n'a pas intention qu'il perde son
deu ; mais qu'il ne la presse point : à quoy par
ledit A. a esté dit qu'il seroit bien dur & rigoureux de luy faire perdre son bien, l'ayant
baillé de si bonne foy, & si franchement & cha-
ritablement à lad. B. que c'estoit rendre le mal
pour le bien, que ses den. auoient esté employés
en la grande necessité de lad. B. sçauoir est pour
son viure & entretenement, & pour subuenir
aux grands procez qu'elle auoit pour son partage contre ses coheritiers qui tenoient tout son
bien en leurs mains, sur lesquelles contestatiós,
Sentence seroit interuenuë le   par laquelle les Lettres ont esté entherinées, & le
contract de constitution cassé & rescindé, ce
faisant main-leuée de la saisie reelle, dont

ledit A. se seroit porté pour appellant en la
Cour de Parlement . pendant lequel il auroit
recherché & iustifié l'employ de ses deniers,
sçauoir est en l'acquit de la somme de neuf mil
liures qu'elle deuoit aux nommez Pierre &
Claude par deux obligatiõs en datte de 1643.
& 1644. pour nourriture & logement, lesquelles elles auoit acquitées des deniers dudit A.
vn mois aprés ledit contract de constitution
par deux quittances du   1644.
plus par les procedures, & plus de vingt Arrests
qu'il a leuez, interuenus audit procez, qu'elle
auoit contre seseoheritiers, pour raison de son
partage, plus par les saisies & iouyssances que
sesdits coheritiers ont faites de tout son bien,
& qu'elle n'eust peu auoir aucun autre moyen
de se subuenir, ny à poursuiure & faire iuger
ses procez, que par l'ayde & fourniture des deniers dudit A. par ces moyens, & ioint sa bonne foy, il maintenoit estre bien fondé en son
appel, & que ladite B. deuoit estre condamnée suiuant son contract, & en tous ses despens, dommages & interests. Or ayans les
parties communiqué leurs sacs, raisons &
moyens de part & d'autre à leurs Aduocats, &
conseil par l'aduis d'iceux, & pour assoupir &
terminer ledit procez, & éuiter à plus grands
frais & vexation, ont transigé & accordé ensemble à l'amiable comme il ensuit, c'est à
sçauoir que de bonne foy & attendu la iustification desd. employs, lad. Dame B. s'est desistée
& departie par ces presetes de l'effet & enteri-

nemenc desdites lettres royaux de rescision &
de l'effet de ladite Sentence, consent que le tout
soit & demeure nul, ce faisant, a ratifié, corro-
boré & confirmé ledit contract de constitution,
veut & accorde qu'il soit executé, tienne &
sorte son plein & entier effet selon sa forme &
teneur, & en consequence, ladite Dame B. a
promis, sera tenuë, promet & s'oblige par ces
presentes de payer & continuer lesdites deux
cens liures de rente audit A. aux termes, selon
& ainsi qu'il est porté audit contract, & à ce a
affecté, obligé & hypotequé tous & chacuns
ses biens, meubles & immeubles presens & aduenir, tant specialement que generalement
declarez audit contract, sans que la generale
obligation déroge, &c. se desaisissant d'abon-
dant, &c. & pour la plus grande validité & seureté dudit A. ladite Dame B. a promis se faire
aduoüer & authoriser par sondit mary ou par
iustice, pour l'effect, execution, & omologation, tant du present contract que dudit contract de constitution, & en fournir acte valable audit A. dans deux mois, & moyennant
l'effet du contenu cy-dessus, ledit A. a volon-
tairement remis & quitté à ladite Dame B. tous
les arrerages desdits deux cens liures de rente
deubs, & despens, & restans du passé iusques à
huy, ensemble, tous les frais & despens, &
seront les parties hors de cour & de procez,
sans despens, dommages, ne interests de part
& d'autre, à la charge & condition expresse,
que si ladite Dame B. est defaillante de fournir

ledit adueu & roctorigacion valable dans ledit temps, ledit prefent contract fera & demeurera nul, & refolu comme non fait, &
pourra ledit A. faire inger ledit procez fur ledit appel, le tout fi bon femblera à iceluy A.
Car ainfi, &c.

Sur la feparation de biens du mary & de la femme, & education de leurs enfans.

FVrent prefens A. appellant de la Sentence
du Preuoft de Paris .du, &c. d'vne part, &
Damoifelle B. fa femme de luy feparée, quant
aux biens par ladite Sentence, d'autre part.
Difans les parties, fçauoir ledit A. qu'il s'e-
ftoit porté appellant de ladite Sentence, non
pour raifon de la feparation de biens d'entre
luy & fadite femme, ny de ce qu'il eftoit dit
qu'il luy rendroit ce qu'elle auoit apporté
auec luy : mais en ce que par icelle il eftoit
condamné de payer à ladite B. fa femme mil
liures de penfion annuellement, attendant
que douaire euft lieu, & qu'il nourriroit &
entretiendroit leurs cinq enfans : & pour caufe
d'appel, difoit quant au douaire, que fadite
femme auoit du bien plus que fuffifamment,
& beaucoup plus que luy pour viure, & fe
maintenir honorablement, & qu'au fur-

plus, puis qu'elle iouyſſoit du reuenu de ſes
immeubles, & reprenoit ſon dot deſtiné pour
les charges de mariage, dont la nourriture &
entretenement des enfans eſt la plus grande,
il eſt bien raiſonnable qu'elle y contribuë &
en porte ſa part, que c'eſt ce qu'il faloit conſi-
derer, & non pas s'arreſter à la dureté de l'vſa-
ge : par ladite Damoiſelle B. eſtoit dit que la
cauſe de leur ſeparation prouenoit des ſeruices
& mauuais traitement dudit ſieur A. enuers
elle, que par leur contract de mariage il luy
auoit conſtitué douze cens liures de doüaire
par chacun an, que cette ſeparation eſtoit com-
parée au decez, attendu le ſuiet d'icelle, & le
peu d'apparence de reconciliation, partant que
le doüaire luy eſt deub : quant à leurs enfans,
ils ſont en la poſſeſſion de leur pere, auquel
comme ils luy doiuent rendre plus d'obeyſ-
ſance & de reſpect, il eſt auſſi plus tenu de les
nourrir. Sur lequel appel, dires & raiſons des
parties, elles eſtoient en terme d'entrer en
grande inuolution de procez, pour à quoy
obuier, leurs parens & amis ſe ſeroient entremis de les pacifier, & apres auoir reconnu leurs contrarietez & aigreurs par leur
aduis & conſeil elles ont tranſigé & accordé ainſi qu'il enſuit, c'eſt à à ſçauoir que
leſdites parties ſont demeurées d'accord de
leur ſeparation de biens, ce faiſant, ledit
A. a declaré qu'il n'empeſche, ains conſent que ladite Damoiſelle B. iouyſſe du
reuenu de ſes immeubles, accordé auſſi de

luy rendre dans deux mois la fomme de vingt
mil liures qu'il a receu d'elle en dot de mariage, à la charge qu'icelle fomme fera employée en achat d'heritages, ou rentes folua-
bles par l'aduis dudit A. & de deux parens de
ladite B. pour eftre conferuez à leurs enfans,
& dont elle iouyra du reuenu, quant au
doüaire ou penfion, au lieu d'icelle, ledit
fieur A. en fera & demeurera defchargé
pendant fa vie, & pour le regard de leurs
enfans, ils feront retenus, nourris, inftruits,
& entretenus, fçauoir les trois garçons par
ledit A. leur pere & les deux filles par ladite
Damoifelle leur mere, tous lefquels enfans
iront, viendront & vifiteront leurs pere & mere toutefois & quantes qu'ils voudront, & ne
pourra ladite Damoifelle B. vendre, engager,
ny aliener aucnne chofe de fes biens, immeubles & propres, ny receuoir aucuns rachats
de rentes, directement ou indirectement, fans
l'aduis & authorité dudit fieur A. fon mary,
car ainfi, &c.

Sur le rachat d'vne rente fonciere pre-
sumée premiere apres le cens.

FVrent presens les Prieurs & Religieux,
d'vne part, & sieur André d'autre. Disans
& reconnoissans les parties, que dés le dixies-
me May 1584. par contract passé pardeuant
Notaires , &c. les lors Prieur & Religieux
baillerent & delaisserent à titre de cens &
rente perpetuelle , & non rachetable, à defunt
Pietre ayeul dudit André , vne place de terre
vague où y auoit vne mazure , contenant le
tout vn arpent ou enuiron , qui lors estoit inu-
tile & infructueuse, size és faux-bourgs sainct
Iacques lez-Paris, qui appartenoit audit Conuent , & estant en sa censiue , à la charge de
faire bastir maison & faire iardin , & le tout
mettre & entretenir en bon estat, & ce moyénant vingt deniers parisis de cens & fonds de
terre, portant lots & ventes, defauts , saisines
& amandes quand le cas y escherroit , & six liures tournois de rente perpetuelle & non rachetable pour quelque cause que ce soit & encore
moyénant la somme de huict cens l. tournois
pour vne fois payable ausdits Religieux par
ledit Pierre dans trois mois, en luy fournis-
sant par eux ratification dudit contract du Superieur general de l'Ordre , & le tout omolo-

gué en la Cour de Parlement pour estre ladite
somme employée en la decoration & orne-
mens de leur Eglise, lequel contract ledit Superieur n'auroit voulu ratifier en sa forme, ains
auroit enuoyé vne procuration audit Prieur
General, pour bailler & delaisser ladite piece
de terre, à la charge du cens susdit, & moyennant la somme de quarante cinq liures de rente perpetuelle, non rachetable, ou plus grande
rente sans aucuns deniers d'entrée, & au surplus à telles autres conditions que lesd. Prieur
& Religieux aduiseroient pour le profit & aduantage dudit Prieuré, laquelle procuration &
intention dudit Superieur auroit esté commu-
niquee audit Pierre, & qu'il faloit changer le
contract, & en faire vn autre, suiuant ladite
procuration, ce que ledit Pierre qui auoit ia
commencé à bastir auroit accepté : autre contract fut donc passé audit Pierre, suiuant la teneur de ladite procuration le 4. Decembre
ensuiuant, depuis lequel temps ledit André &
ses predecesseurs auroient tousiours payé &
continué lesdites quarante cinq liures de rente
iusques à present, qu'il auroit desiré en faire
le rachat pour sa liberté, & descharger ladite maison d'icelle, & pour ce faire, il auroit offert réellement ausdits Prieur & Religieux la somme de neuf cens liures, qui
est à raison du denier vingt, & sur leur refus, assignation pardeuant Monsieur le Preuost de Paris, pour voir declarer les offres valables, & qu'à faute de receuoir il consigne-

voit son argent, à quoy lesdit Prieur & Religieux auroient dit que ledit André estoit
non receuable & mal fondé audit rachat, que
par la Coustume de Paris les rentes premieres apres le cens & fonds de terre sont perpe-
tuelles & non rachetables, que la rente
dont est question est de cette qualité, le contract y est formel, d'ailleurs le priuilege de
l'Eglise, & les Ordonnances des Roys, portans qu'on ne peut contraindre les Ecclesiastiques de receuoir les rachats de leurs rentes
foncieres dependans de leurs Eglises & benefices, soustenu au contraire par ledit André,
que le second contract est retroactif, & de-
pend du premier ; par le premier le bail estoit
fait pour six liures de rente, & pour huict cens
liures de deniers comptans. Le second est fait
en fraude du premier & de la Coustume, que
la pure intention des parties auant le basti-
ment, n'estoit que de créer six liures de rente perpetuelle, que le priuilege des Ecclesiastiques estoit borné par la Coustume & l'Ordonnance alleguée, la ville & faux-bourgs
de Paris en sont exceptez, repliqué par lesdits Prieur & Religieux, que ledit premier
contract est annullé purement & simplement:
le second est vn contract entier qui n'a
point de communication, & ne fait nulle
mention du premier, que leur Superieur
n'a voulu approuuer le premier, partant
nul de soy, & n'en peut ledit André prendre aduantage, & le second a esté fait comme

s'il n'y en euſt eu iamais d'autre, ſur leſquelles
conteſtations ſeroit interuenu Sentence dudit
ſieur Preuoſt de Paris, portant ledit André debouté de ſes fins & concluſions, dout appel,
conclud & receu pour iuger : & deſirans
les parties, terminer à l'amiable ledit procez
& éuiter à plus grands frais & vexation,
elles ont par l'aduis de leur conſeil traité, tranſigé & accordé ainſi qu'il enſuit, ſçauoir que
leſdits Prieur & Religieux, tant pour eux, que
comme eux ſe faiſans forts de leur Superieur,
promettans luy faire ratifier, &c. ont delaiſſé
& delaiſſent par rachat audit André quarante
liures tournois de rente, faiſant partie deſdites
quarante ſix liures de rente. leſquels quarante
liures de rente demeureront eſteints, & amor-
tis à touſiours & à iamais, & ce moyennant la
ſomme de huict cens quatre-vingt liures tournois, qui eſt à raiſon du denier vingt-deux, laquelle ſomme ils ont confeſſé auoir euë & receuë dudit André preſentement comptée & deliurée, dont quittant, & pour le regard de ſix
liures de rente de ſurplus, ils ſeront & demeureront perpetuels, & ne pourront iamais eſtre
rachetez pour quelque cauſe que ce ſoit, côme
la premiere rête apres le cens & fonds de terre
ſuiuant la Couſtume, & ont promis leſdits
Prieur & Religieux, employer ladite ſomme
de huict cens quatre-vingts-liures, vtilement
& pour le profit & aduantage dudit Conuent,
& en fournir acte valable audit André dans ſix
mois prochains, & partant les parties ſe ſont

deſiſtées

desiftées & departies dudit procez, appel, &
Sentence, fans dépens, dommages & interefts
de part & d'autre, car ainfi, &c.

Entre le principal debiteur & deux fi-deiusseurs, dont l'vn a racheté la rente.

FVrent prefens A. d'vne part B. d'autre, &
C. encore d'autre. Difans & reconnoiffans
les parties, que dés le, &c. ils auroient enfem-
blement & folidairement creé & conftitué à
Auguftin mil liures de rente fur leurs heritages & biens, moyennant la fomme de dix-
huiét mil liures, qui en auroit efté lors fournie, & ainfi qu'il eft porté au contraét de con-
ftitution, de laquelle rente & contenu audit
contraét ledit B. auroit promis acquiter & in-
demnifer lefdits A. & C. mefme de racheter
ladite rente dans quatre ans, lors prochains,
ainfi qu'il eft ftipulé en la promeffe de ladite
indemnité paffée ledit iour & pardeuant les
mefmes Notaires. Pour raifon de laquelle rente, & depuis la creation d'icelle, ledit Auguftin fe feroit toufiours addreffé audit A. qu'il
auroit plufieurs fois contraint à payer les ar-
rages par faifie & vente de fes biens meubles,
faifie reelle de fes immeubles & emprifonne-
ment de fa perfonne, & auroit eu grand'pei-

G

ne de s'en faire rembourser par ledit B. principal debiteur, de maniere que pour desormais
éuiter telle contrainte & procedures, il auroit
esté contraint de racheter lesdits mil liures de
rente audit Augustin, & luy payer les arrerages qui en estoient deubs, & auroit pris cession & transport des droicts dudit Augustin,
qui l'auroit mis & subrogé en son lieu & place, en consequence dequoy, & mesme en
vertu de ladite promesse d'indemnité à l'esgard dudit B. il entendoit le conttaindre à faire ledit rachat, & à son defaut & delay contraindre ledit C. son cofideiusseur à contribuer à la moitié d'iceluy rachat & payement
des arrerages, mesmes entant que besoin estoit,
& en cas de quelque obiection auroit sommé
led. C. d'agir & de se ioindre auec luy pour contraindre ledit B. à faire ledit rachat, & s'il en
faisoit refus, que c'estoit vne tacite intelligence,
& protestoit de s'en prendre à luy pour le tout,
& ensuite auroit fait saisir les biens dudit B. &
assigner luy & ledit C. pardeuant Monsieur
le Bailly de, &c. à quoy de la part dudit B.
estoit dit que ledit A. ne se pouuoit preualoir de ladite cession à l'effect de le conttaindre audit rachat, qu'au contraire elle luy
nuisoit, & auoit à present deux qualitez in-
compatibles, sçauoir est de fideiusseur &
creancier, qu'il seroit ridicule, mesme contre la nature de la rente, qu'vne mesme
personne pust contraindre à racheter, & à
payer les arrerages, soustient que ces deux

qualitez font confufes, que ledit A. comme ayant ceffion des droicts d'Auguftin ne le
peut contraindre au rachat, qu'il eft vray
que ledit A. pouuoit faire executer contre luy
fa promeffe d'indemnité, s'il n'euft point
luy-mefme racheté, mais que lors ledit B
pouuoit auffi, & euft fait en forte par autre moyen que par le rachat il euft fait décharger ledit A. par ledit Auguftin en luy
baillant autre caution, que ledit B. ou autrement le confentant, que cela eftoit changé,
& ne fe pouuoit plus faire par le fait dudit
A. il eftoit non receuable en la faifie & a-
ction, apres les offres qu'il fait audit A. de luy
payer & continuer lefdits mil liures de rente & arrerages d'icelle, & de luy en paffer
tiltre nouuel. De la part dudit C. eftoit dit
qu'il s'ayde & employe ce qu'a dit ledit B.
que ledit A. le deuoit fommer & faire regler
fa pretention contre luy, fur les contraintes
qu'il met en auant auparauant que de racheter, qu'il n'eft point obligé vers ledit A. lequel n'a pas plus de droict que le creancier
qui ne le pouuoit pas contraindre audit rachat,
dénioit l'intelligence, qu'il ne deuoit contraindre ledit B. de faire lors ledit rachat, pour
ce qu'il connoiffoit l'eftat de fes affaires &
fon impoffibilité, offroit ledit C. de payer
& continuer audit A. la moitié de ladire
rente, & des arrerages d'icelle moitié. Repliqué par ledit A. que ledit rachat qu'il
a fait n'a efté que pour fe liberer des ri-

goureuses contraintes dudit Augustin, qu'il
n'auoit aucune intention d'acquerir vne rente,
ains de repeter ledit rachat promptement, que
ces qualitez sont distinctes, & non confuses,
que puis que ledit B. pouuoit estre contraint de
racheter suiuant sa promesse d'indemnité, il
ne se doit preualoir dudit rachat fait par ledit
A. que c'est vne subtilité de Loy & de Practique, vouloir faire extension contre sa propre
volonté & certaine croyance : sur lesquelles
contestations seroit interuenu Sentence dudit
Bailly, le   par laquelle ledit A. a esté
debouté de sa demande dudit rachat, tant à
l'égard dudit B. que dudit C. à la charge qu'il
seroit tenu de payer & continuer audit A. sçauoir ledit B. le total desdits mil liures de rente,
& arrerages, & ledit C. la moitié d'iceux sans
dépens, sinon que ledit B. remboursera ceux
faits par ledit C. de laquelle Sentence ledit A.
se seroit porté pour appellant & releué en la
Cour de Parlement, & desirans les parties assoupir & terminer ledit procez, euiter à plus
grands frais & vexation, elles ont par l'aduis
de leur conseil & amis traité & accordé à l'a-
miable, ainsi qu'il ensuit, c'est à sçauoir, que
ledit B. & le sieur D. à ce present ont promis,
seront tenus, & se sont obligez par ces presentes solidairement l'vn pour l'autre, & renonçans aux benefices de diuision, fideiussion, &c.
enuers ledit A. ce acceptant de luy payer &
continuer lesdits mil liures de rente aux quatre quartiers de l'an, dont le premier escherra

le dernier iour de Mars prochain & continuer,
&c. dont ledit D. se rend & constituë caution,
respondant & principal debiteur & payeur , &
en fait son propre fait & debte solidairement
comme dessus, & y a obligé & hypotequé
specialement vne maison , & generalement
&c. sans que la generale obligation , &c. déroge , &c. comme aussi ledit C. a promis, sera
tenu & s'obligé par ces presentes de payer &
continuer audit A. la moitié desdites mil liures
de rente, & arrerages comme dessus solidairement auec lesdits B. & D. renonçans ausdits
benefices . le tout suiuant , & en conseqnence
dudit contract de constitution, & promesse
d'indemnité cy dessus dattez, & sans aucunement déroger ne preiudicier à iceux ny aux hypoteques, dont & desquelles promesses, obligations & contenu cy-dessus , ledit B. promet
acquiter & indemniser lesdits C. & D. de toutes pertes, despens, dommages & interests qu'ils
pourroient encourir mesme de racheter & ad-
mortir lesdits mil liures de rente ou autrement
en faire décharger lesdits C. & D. & leur fournir quittance, & décharge valable dans six aus
prochains, & au moyen de ce les parties sont
hors de Cour & de procez, sans despens, dommages ne interests de part ne d'autre , sinon
que ledit B. remboursera ledit C. de ses frais:
car ainsi, &c.

Sur l'euiction d'vne rente non nantie.

FVtent prefens Marthe vefue de feu Ber-nard, d'vne part, & Claude & Iean heri-tiers dudit defunct d'autre part. Difans les parties, qu'apres le decez dudit defunct Ber-nard, partage auroit efté fait entr'eux le 1638. des biens meubles & immeubles qui a-uoïent efté communs entre iceluy defunct & ladite Marthe fa vefue, par lequel partage feroit aduenu & efcheu aufdits heritiers deux cens liures de rente qui eftoient deubs & con-ftituez audit defunct par Charles le 1624. & auoit efté ftipulé, que les lors de-meureroient garans les vns des autres, qu'en l'année 1644. les heritages affectez à ladite rente affis à Peronne, auroient efté faifis, criez & decretez fur ledit Charles, à la requefte de fes autres creanciers, à quoy lefdits heri-tiers fe feroient oppofez, & procedant à l'or-dre des deniers prouenus des adiudications, on leur auroit obiecté que le contract de confti-tution defdites 200. liures de rente n'auoit efté nanty & realizé fur lefdits heritages, fuiuant la Couftume de Picardie, que la datte du con-tract n'eftoit confiderable pour acquerir hy-poteque & realité, ains l'acte du nantiffement

qui deuoit estre fait aux Greffes & Registres
des Seigneurs selon l'vsage, lequel cessant le
contract n'estoit reputé, que pour debte per-
sonnelle & mobiliere, à l'esgard des autres rentes & debtes ensaisinées & infeodées, pour lesquelles causes lesdits heritiers auroient esté
deboutez & forclos dudit ordre; de maniere
que ne restant plus aucuns biens dudit Charles,
ils auroient fait assigner ladite Marthe pour
garantir ladite rente, & contribuer pour
la moitié d'icelle, à quoy ladite Marthe disoit
qu'elle estoit mal conuenuë, que si lesdits heritiers n'ont esté colloquez vtilement en l'ordre, c'est leur faute, dautant que lors mesme
dud. partage fait entr'eux, ledit Charles n'estoit
point encore engagé ny obligé enuers qui que
ce fust fors vers eux, que si lesdits heritiers se
fussent fait nantir, lors & mesme les deux ans,
encore apres ils eussent esté les premiers payez,
qu'ils s'en doiuent imputer la faute: Repliqué
par lesdits heritiers qu'ils n'ont esté obligez
de faire & poursuiure ledit nantissement,
que ladite Marthe ne leur peut obiecter
le deffaut d'iceluy, que lesdits defunct, &
elle ont iouy douze ans de ladite rente,
qui leur a esté constituée par ledit Charles,
& ont deub faire le nantissement, veiller
& pouruoir aux hypoteques & feuretez, qu'i-
celuy ne se pouuoit pas faire sans le consentement dudit Charles, attendu qu'il
conuient fournir & aduancer notable somme aux Seigneurs, iusques au treiziesme de-

nier , & plus felon les Couftumes locales , outre les frais du nantiffement , que ledit defunt
& elle deuoient & pouuoient ftipuler cette cô-
dition auec leur debiteur, ce que ne pouuoient
pas faire lefdits heritiers , or le contract & les
hypoteques font au mefme eftat qu'elles eftoiét
lors du decez dudit defunct , & ne font point
changées ny diminuées, que cette perte eft
vne charge de Communauté, dudit defunct &
d'elle, à laquelle elle doit contribuer, puis
qu'elle l'a acceptée & profits d'icelle , au contraire, fouftenoit que ladite Marthe , que ledit
defaut de nantiffement ne luy pouuoit pas eftre
imputé , elle eftant en puiffance de mary , lequel le deuoit faire , & qu'eftant fes heritiers,
ils font tenus de fes faits , & doiuent porter
feuls cette perte. Pour terminer lequel differend, lefdites parties auroient paffé compromis , & par iceluy nommé nobles hommes
Maiftres Aduocats en Parlement, au iugement
defquels ils fe feroient rapportez & promis y
fatisfaire comme fi c'eftoit Arreft de la Cour,
aux peines & conditions ycontenuës, de l'aduis
defquels fieurs arbitres, les parties ont fait &
accordé ce qui enfuit , c'eft à fçauoir que ladite Marthe s'eft accordée & foufmife de demeurer debitrice de cent liures de rente, faifant moitié defdits deux cens liures de rente,
ce faifant , a promis , fera tenuë, promet &
s'oblige par ces prefentes de payer & continuer aufdits heritiers lefdits cent liures de rente , enfemble les arrerages deubs & efcheus

depuis le   & à ce a obligé & hypotequé
les biés à elle aduenus par ledit partage, & tous
ſes autres biens, meubles & immeubles preſens
& aduenir, ſans deſpens de part ne d'autre, &
a eſté conuenu, que s'il ſe découuroit quelques
biens appartenans audit Charles, que les parties ſe pouruoiront ſur iceux, & ſeront les pour-
ſuites faites à frais communs, & ce qui en prouiendra ſera partagé entr'eux également ; car
ainſi, &c.

Sur deux teſtamens entre vn heritier & vn legataire vniuerſel.

FVrent preſens **A.** heritier ſeul de defunct
Nicolas ſon oncle d'vne part, & **B.** couſin
& legataire vniuerſel dudit defunct. Diſaɴs les
parties que comme ainſi ſoit que ledit defunct
feroit decedé le   Iuin 1646. & que peu
auant ſon decez il fit deux teſtamens à huict
iours l'vn de l'autre, ſçauoir eſt les 5. & 13.
May audit an, par le premier deſquels il auoit
legué audit B. la ſomme de trois mil liures vne
fois payée, & par le ſecond il l'auroit fait legataire vniuerſel de tous ſes biens, meubles, acqueſts & conqueſts, immeubles, & quint de
ſes propres, que le premier teſtament auoit
paru, & non le dernier, en conſequence duquel premier, ledit A. auroit payé ladite ſom-

me de quatre mil liures audit B. & executé le
surplus d'iceluy, & estimant ledit A. qu'il n'y
auoit d'autre testament que ce premier, comme il y auoit apparence, puis que le legataire
vniuersel suiuoit le premier, iceluy A. auroit
pris tous les meubles & effects dudit defunct,
& d'iceux auroit disposé sans en faire inuentaire, auroit payé les frais funeraux, les autres
legs, & les debtes dudit defunct, & lors que
ledit A. croyoit estre en paisible possession de
la succession dudit defunct son oncle, ledit
B. est venu à monstrer & faire apparoir dudit
second testament, par lequel ledit defunct
auroit reuoqué le premier & l'auroit insti-
tué son legataire vniuersel, suiuant lequel
ledit B. auroit sommé ledit A. de luy faire de-
liurance dudit legs vniuersel, ce faisant luy
rendre tous les meubles, deniers comptans,
obligations, debtes & autres choses mobilieres de ladite succession, acquests & conquests,
immeubles, & quints des propres, luy en
payer les interests, loyers & reue nus depuis le
decez dudit defunct, & luy deliurer les tiltres
& papiers ; offrant luy rendre lesdites trois mil
liures qu'il a receus de luy, pour le legs dudit
premier testament & interests d'iceux, & ce
qu'il a payé en consequence d'iceluy, à quoy
ledit A. auroit dit & soustenu que ledit B.
n'estoit receuable en sa demande, ayant executé & receu le legs à luy fait par ledit premier testament : d'ailleurs, que c'estoit vne
subtilité & addresse dudit B. qui sçauoit bien

les deux testamens, & auoit teu le second,
crainte que ledit A. ne l'accusast de suggestion,
car il est vray que depuis ledit premier testament, ledit B. n'a bougé d'auprés ledit defunct, ne l'a point abandonné, & l'a seduit &
suborné à faire ledit second, ce qu'il entendoit iustifier, sur quoy seroit interuenu Sentence du Bailly, par laquelle les conclusion
dudit B. luy sont adiugées, & que pour sçauoir la valeur desdits meubles & effects enqueste en seroit faite, ioint la commune renó-
mée, de laquelle Sentence, ledit A. se seroit
porté appellant en la Cour de Parlement, &
pour cause d'appel ledit A. alleguoit la subtilité & suggestion susdite, d'ailleurs que l'enqueste ordonnée estoit de trop grande consequence, qu'en tout euenement il falloit considerer qu'il auoit pris & disposé desdits meubles
& effects en la presence & du consentement
dudit b. qui y a tousiours eu l'œil, & en sçait
fort bien le compte & valeur, que quand bien
mesme ledit B. eust ignoré ledit second testament, que non, il s'en doit attribuer & imputer la faute, ayant executé le premier, que
pour ce chef, il falloit croire ledit a. à sa
parole : apres, qu'il falloit que ledit legs
vniuersel supportast toutes les charges, legs
particuliers, funerailles & debtes dudit
defunct, & qu'on ne luy pouuoit refuser
les quatre quints des propres dudit defunct,
francs & quittes, que c'estoit sa legitime
coustumiere, persisté au contraire, par les

dit B. fur quoy les parties eſtoient en voye
d'entrer en grande inuolution de procez, &
deſirans l'euiter, & à plus grands frais & vexation par l'aduis de nobles hommes leurs Aduocats, & conſeils qu'ils auoient pris & con-
uenus pour leurs arbitres de leurs differends,
ils ont tranſigé & acordé ainſi qu'il enſuit, c'eſt
à ſçauoir que ledit B. aura, & luy eſt fait deli-
utance par ces preſentes dudit legs vniuerſel
des meubles, acqueſts, conqueſts, & quints
des propres dudit defunct Nicolas, porté par
ledit dernier teſtament, & ſera tenu ledit B. ſe
rapporter à l'affirmatiõ dud. A. de la valeur des
meubles effectifs mobiliers qu'il a trouuez &
receus de la ſucceſſion dudit defunct, enſemble des debtes actiues & paſſiues par luy receus
& payez, le tout ſur vn eſtat qu'il en fera, quit-
tãces & pieces qu'il en repreſétera, ſera led. legs
vniuerſel chargé entierement des legs particuliers portez audit dernier teſtament, & de la
ſomme de trois mil ſix cens liures empruntée
à rente par ledit defunct Nicolas de Georges
qui a eſté employée à ſes acquiſitions, & des
arrerages d'iceux, plus rendra ledit B. audit
A. ladite ſomme de trois mil liures à luy payez
pour le legs porté audit premier teſtament, enſemble la ſomme de ſeize cens liutes pour les
autres legs portez par iceluy, que ledit A a
payez aux legataires y nommez, ſauf audit
B. ſon recours pour la repetition contre aucuns
deſdits legataires qui ont eſté reuoquez, & aura ledit A. & luy appartiendra les quatre au-

tes quints desdits propres, & que les parties
porteront & contribueront aux autres debtes,
& hypoteques paſſiues, & frais funeraux dud.
defunct Nicolas, chacun à proportion de ce
qu'il amendra & leur reuiendra de ladite ſucceſſion : auſſi eſt accordé en faueur du preſent
contract, que ledit B. ne pourra rien pretendre ny repeter contre ledit A. des rentes &
debtes payées & acquitées par ledit defunct
Nicolas qui eſtoient deuës, & auoient eſté
creées par defunct Thomas ſon pere, & ſont les
parties hors de cour & ſans aucuns autres intereſts, reſtitution de fruicts, ny dépens de
part & d'autre, car ainſi, &c.

Compte & reglement en conſequence du contract cy-deſſus.

ET le¹ &c. ſont comparus pardeuant leſdits
Notaires leſdits A. & B. & en conſequence
du contract cy-deſſus eſcrit, ledit A. a preſentement exhibé audit B. vn eſtat & memoire
des deniers receus par ledit A. de partie des
choſes mobilieres qu'il a venduës, & valeur
de l'autre partie qu'il a retenuë, & en a diſpoſé,
le tour prouenu de la ſucceſſion dudit defunct
Nicolas, & des debtes actiues qu'il a receuës,
le tour montant à la ſomme de trois mil liu.
qu'il doit rendre audit B. enſemble des debtes

passiues & frais funeraux dudit defunct, que
les parties doiuent porter & payer à proporr-
tion de l'émolument par ledit contract, &
que ledit A. a payez & aduancez comme appert par les quittances rapportées audit estat,
montans à la somme de quatorze mil liures,
iurant & affirmant ledit A. que ledit estat &
memoire, & quittances sont veritables, &
n'auoir receu dauantage ny moins payé, &
ont les parties compensé par ces presentes ladite somme de trois mil liures prouenuë desdites choses mobilieres, & debtes actiues à
pareille somme de trois mil liures que ledit B.
a receuës dudit A. pour le legs porté au premier testament, ainsi qu'il est porté audit contract, & outre est ledit B. debiteur vers ledit
A. suiuant ledit contract de la somme de
seize cens liures de legs qu'il a payez, portez par ledit premier testament, & de la somme de quatre mil deux cens liures que ledit A. a payez & remboursez à Georges, pour
le rachat & arrerages de deux cens liures
de rente que ledit defunct Nicolas luy a-
uoit constituez pour l'employer en ses ac-
quisitions, ainsi qu'il appert par la quittance dudit rachat, contract de constitution,
& employ desdits deniers dattez, &c. comme aussi aux fins du payement par con-
tribution de ladite somme de quatorze mil
liures, à quoy montent les debtes passiues,
& frais funeraux dudit defunct, aduancez
par ledit A. les parties ont estimé & eual-

ué les maisons de Paris & des champs acquis
par ledit Nicolas , & le quint de ses propres , suiuant l'aduis & prisée d'experts, à la
somme de trente-deux mil liures , faisant
auec lesdits trois mil liures de meubles, &
debtes actiues , la somme de trente-cinq
mil liures, sur quoy est à deduire ladite somme de quatre mil deux cens liures qu'il doit
rendre audit A. & la somme de quatorze
cens liures de legs particuliers portez audit
dernier testament, dont il est chargé , partant,
reste & reuient de bon audit B. la somme de
vingt-neuf mil quatre cens liures , dont il a-
mende & profite dudit legs vniuersel : ont
pareillement estimé & eualué les quatre
autres quints desdits propres, consistans és
quatre cinquiesmes, de la terre & seigneurie, & métairie, & maison de Paris, ruë Michel le Comte, à la somme de cinquante quatre mil liures, dont aussi ledit A. amende &
profite de ladite succession : lesquelles deux
sommes reuenans de bon de part & d'autre,
doiuent porter les debtes passiues & frais funeraux dudit defunct Nicolas , payez par led. A.
montant à ladite somme de quatorze mil liu.
& ce à proportion de l'emolument suiuant
ledit contract & la Coustume , & apres cal-
cul fait , s'est trouué que ledit legs vniuersel en doit la somme de cinq mil deux cens
liures, dont ledit B. est encore debiteur
vers ledit A. & pour demeurer quitte par
ledit B. vers ledit A. desdites trois sommes

de quatre mil deux cens liures, seize cens liures, & cinq mil deux cens liures cy.dessus
declarées, & encore moyennant la rente de
cens trente-huict liures dix-sept sols neuf
deniers, rachetable de deux mil cinq cens liures, dont ledit A. fait cession, & transport
auec promesse de garantie par ces presentes
audit B. ce acceptant à prendre sur Paul, constituée le, &c. montant le tout ensemble à la
somme de treize mil cinq cens liures, iceluy B. a cedé, remis, quitté & delaissé par
cesdites presentes par forme de compensa-
tion & décharge dés maintenant à tousiours,
& promet garantir audit A. aussi ce acceptant
ledit quint desdits propres consistans en la cin-
quiesme partie de ladite terre, seigneurie,
métairie & maison, ruë Michel le Comte, à
luy legué par ledit defunct Nicolas, reuenant
ledit quint suiuant ladite eualuation à pareille
somme de treize mil cinq cens liures, pour en
iouyt, faire & disposer par ledit A. lesd. hoirs,
& ayans cause. &c. transportans tous droicts,
&c. desaisissans l'vn au profit de l'autre, car
ainsi, &c.

Entre l'heritier & le baſtard d'vn de-
funƈt ſur vne donation.

FVrent preſens Damoiſelle, heritiere iſeu-
le de feu B. ſon oncle, viuant Preſtre Curé
de , &c. d'vne part , & Charlote , fille naturelle dudit B. d'autre part. D iſans que ledit de-
funƈt par ſon teſtament d u , &c. auroit donné
& legué à ladite Charlotte les trois quarts de
tous ſes biens, meubles , & immeubles qui luy
appartiendroient lors de ſon decez, pour en
iouyr en proptieté par elle ſes hoirs , & ayans
cauſe , à condition touteſfois qu'en cas qu'elle
n'euſt enfans legitimes & procreés en loyal
mariage , ou qu'elle n'en euſt valablement diſpoſé pendant ſa vie , il entendoit que leſdits
biens retournaſſent à ſes plus proches heritiers.
Souſtenoit ladite Damoiſelle que ladite donation eſtoit immenſe , que leſdits biens conſi-
ſtoient en la valeur de plus de trente ſix mil
liures , tant en maiſon , &c. à Paris , que ferme ſize à Saulſay , & rentes , qn'il falloie conſi-
derer les qualitez des parties , & diſtinguer
les baſtards , aux vns l'on pouuoit donner à
perpetuité, & aux autres , de pareille naiſſan-
ce , que ladite Charlote , vne penſion viagere
mediocre , ſeulemeut pendant leur bas-aage
& iuſques à ce qu'ils ſuſſent en aage de gagne

H

leur vie. Cela est vne regle suiuie & approu-
uée par les arrests de la Cour, pour refrener
la dissolution des Ecclesiastiques, & en haiue
de leur vie, & de là vient mesme que tels enfans ne sont point obligez de nourrir leurs peres, à quoy par ladite Charlote, estoit dit qu'il
estoit bien mal seant à ladite Damoiselle de
reueler la turpitude de son oncle auquel elle
succede. De la qualité duquel elles sont toutes deux d'accord, que le bien à elle donné peut, en consequence de la clause du testament, retourner à ladite Damoiselle & aux
siens, qu'il ne falloit point faire de distinction entre les bastards, ny difference de
leur naissance, que tous sont capables de toutes sortes de donations, reserué de la legitime aux enfans legitimes, que ladite Damoiselle ne deuroit estre ouye, alleguant le vice
de son oncle pour en tirer profit, que les
enfans ne participent aux vices de leurs peres, qu'ils sont creanciers de nature, & doiuent auoir honnestement dequoy s'entretenir, afin de parer au reproche de leur naiss-
sance, les efforcer & encourager à la vertú,
mesme que le pere est tenu de donner
pension au bastard de son fils absent. Sur cette
contestation les parties estoient en voye d'entrer en grand procez, pour à quoy obuier, &
à vexation & frais, aussi afin que les choses
susdites ne soient diuulguées, elles ont par
l'aduis de leur conseil & amis traité & conuenu ce qui ensuit, sçauoir que ladite Char-

lote reduit & moderé ladite donation à elle
faite par ledit defunct B. par son testament
sus-datté à la somme de six cens liures de pension viagere par chacun an, dont elle se contente, moyennant laquelle pension, & à la
charge d'icelle, ladite Charlote a consenty &
accordé que ladite Damoiselle iouysse, sas-
se & dispose elle ses hoirs, & ayans cause de la
totalité de tous lesdits biens, meubles, &
immeubles, delaissez par ledit defunct B. son
oncle, le tout ainsi que bon leur semblera,
& comme de chose leur appartenant, & en
ce faisant, & au moyen de ce, ladite Damoiselle a promis, & sera tenu & s'oblige par
ces presentes pour elle ses hoirs, & ayans
cause, de bailler, payer, & continuer à ladite Charlotte pendant sa vie lesdits six cens liures de rente, & pension viagere aux quatre
quartiers de l'an, & par aduance de chacun
quartier, à commencer du iour du decez dudit
B. & suiuant ce, ladite Damoiselle a baillé &
payé & d'elle, ladite Charlote a receu presens
lesdits Notaires la somme de sept cens 50. l.
sçauoir six cens pour l'année passée, & escheuë
depuis le decez dudit defunct B. & C. cinquante liures pour le premier quartier par aduance, qui a commencé ce iourd'huy, dont
&c. quittance, & continuer ladite pension
par aduance pendant ladite vie de ladite
Charlote, à laquelle pension viagere tous
lesdits biens meubles, & immeubles dudit
B. & par special, lesdites maisons & fermes

font & demeurent par priuilege & hypoteque fpeciale, affectez, obligez & hypotequez à fournir & faire valoir, & generalement, &c. & apresle decez de ladite Charlote, ladite rente & penfion viagere fera & demeurera efteinte & amortie, car ainfi, &c.

Fief.

FVrent prefens Meffire Henry d'vne part, & Meffire Iacques d'autre part. Difans que le dit Iacques par contract du, &c. a acquis de Iean le fief & feigneurie de Bille, releuant dudit Henry à caufe de fa Baronie, &c. à caufe de laquelle acquifition, & faute de deuoirs, & droicts non faits & non payez, que ledit Henry maintenoit luy eftre deubs, il auroit fait faifit ledit fief, laquelle faifie ledit Iacques fouftenoit tortionnaire. Difant que ledit fief & feigneurie eftant fitué en Auuergne pays de droict efcrit, il ne deuoit aucuns droits, d'ailleurs, que c'eft vn fief lige, c'eft à dire genril, noble & franc, de plus que par la conceffion & tirte d'inueftiture eft porté, pour en iouyr par le poffeffeur auec toute liberté & franchife fans aucune referue de droicts, partant, demandoit main-leuée de ladite faifie. Repliqué par ledit Henry, qu'en Auuergne y a Couftume tenuë & obferuée de payer lots & profits

des acquests des fiefs nobles , que l'inuestitu-
re ne peut déroger à ladite Couſtume, ſur quoy
ſeroit interuenu Sentence , par laquelle ledit
Iacques eſt condamné de payer leſdits droiĉts,
dont appel , &c. & pour obuier , &c. ont les
parties traité & accordé ainſi qu'il enſuit , ſçauoir qu'à chacune mutation dudit fief & ſeigneurie de Bille ſoit en ligne direĉte ou colla-
térale vendition, eſchange , ou autrement, ledit Iacques & ſes ſucceſſeurs , & ayans cauſe
feront preſeut audit Henry & à ſes ſucceſſeurs
& ayans cauſes barons de ladite Baronie, d'v-
ne paire d'eſperons dorez de la valeur d'vn eſ-
cu d'or pour tout droiĉt & deuoir quelconque,
ce faiſant à cauſe de l'acquiſition ſuſdite , ledit
Iacques a fait preſent audit Henry de ladite
paire d'eſperons dorez de ladite valeur, laquelle il a preſentement receuë gracieuſement, De-
clarans les parties par ces preſentes , ſçauoir
ledit Iacques, que ſans leſdites lettres d'inue-
ſtiture, il deuroit les droiĉts , & deuoir de fief
ſuiuant la Couſtume, & ledit Henry que ſans la
Couſtume il ne pourroit pretendre aucun
droiĉt ny deuoit ſur ledit fief ſans que leſdites
declarations reciproques cy-deſſus puiſſent déroger ne preiudicier au preſent contraĉt ny
aux hoirs heritiers, & ayans auſſi des parties
parlant main-leuée , & hors de Cour.

Sur le preciput de l'aisné, pretendu sur chacun fief.

FVrent presens A. fils aisné de defuncts d'vne part, & B. C. D. puisnez d'autre part. Disans que les successions desdits defuncts sieur & Dame leurs pere & mere, consistent principalement és terres & seigneuries de Vion size dans la Preuosté de Paris saint Pair, &c. au Bailliage de, &c. Lotton situé au Bailliage de, &c. & moulin neuf situé au Bailliage de &c. que audit A. comme fils aisné, appartient son preciput & droict d'aisnesse, & en tendoit ledit A. prendre ledit droict sur chacun desdits fiefs & seigneuries, autrement se trouueroit qu'il ne seroit pas plus aduantagé que ses puisnez, que par la loy de France, les aisnez sont fondez de prendre droict de preciput pour maintenir l'honneur, le nom, & la marque de la maison & famille, & la faire subsister à tousiours. Les puisnez, au contraire, disoient qu'il deuoit suffire à l'aisné de prendre & choisir tel fief & seigneurie que bon luy sembleroit; que la plus belle terre choisie estoit tres-suffisante & honorable, pour maintenir l'honneur & subsistance de leur maison, que si l'intention dudit aisné estoit suiuie, il se trouueroit qu'il emporteroit les trois quarts du bien, & qu'eux cinq n'en pourroient recueillir le quart: quant aux puifnez, les vns & les autres peuuent auoir autant de bon courage, honneur & generofité que leur aifné, que quand ces raifons cefferoient, ledit aifné ne pourroit pretendre ledit droict d'aifneffe qu'en chaque Couftume : que lefdits fiefs & feigneuries de fainct Pair & Loton font fituez fous vne feule & mefme Couftume, auffi que ladite feigneurie du Moulin neuf dépend du domaine du Roy, & ne la peut on pretendre proprietaire, que le rachat s'en peut faire en tout temps, & à toute heure, les den. font meubles, qu'arriuant l'Edit du Roy pour la reuente de fon domaine, l'aifné fe la pourroit faire adiuger par fes encheres, & cela iroit en fraude & preiudice de fes puifnez, & de la qualité & natu re de l'engagement à faculté de rachat. Sur quoy les parties defirans entretenir la paix, & concorde entr'eux tous freres germains pour l'affection & amitié qu'ils fe portent l'vn à l'autre par l'aduis de leur confeil, parens & amis, ont fait & accordé le traité, partaage & chofes qui enfuiuent, fçauoir que le dit A. aifné aura & prendra fon precipue & droict d'aifneffe fur ledit fief & feigneurie de Vion fize dans la Preuofté de Paris, fuiuant la Couftume d'icelle Preuofté, & pareil droict de preciput & d'aifneffe fur ledit fief & feigneurie de S. Pair, feulement fuiuant la Couftume dudit Bailliage de, &c. & le furplus defdits deux fiefs & feigneuries fera

partagé entre lesdits puisnez également suiuant lesdites Couftumes , & pour le regard
desdits fiefs & feigneuries de Lotton & moulin neuf feront partagez entre toutes les parties efgalement , & à chacun d'eux baillé fa
fixiefme partie & portion , & cependant iufques aufdits partages iouyront des fruicts & reuenus en commun & par indiuis, & ne fera
tenu ledit A. aifné de contribuer à l'acquit des
debtes & hypoteques des fucceffions de leurs
pere & mere dauantage que fes puifnez. Et
dautant que ledit fief & feigneurie de Vion eft
faifi, c'eft accordé en cas de decez & vente
d'iceluy, que ledit aifné prendra fon droict de
preciput & aifneffe fur les deniers qui pro-
uiendront de l'adiudication , & en cas qu'ils
fuffent abforbez ou infuffifans, fera rembourfé dudit droict d'aifneffe fur les autres biens,
meubles & immeubles eftans en roture , qui
font à partager, dépendans defdites fucceffions fur les plus clairs , &c. comme auffi eft
accordé, que fi ledit aifné acquite les debtes
& hypoteques d'icelles fucceffions pour fe
conferuer ledit fief & feigneurie de Vion, audit
cas qu'il fera fubrogé aux droicts des creanciers, & fera rembourfé fur lefdites rotures &
meubles, comme deffus eft dit, car ainfi, &c.

Sur la saisie d'vn fief appartenant à Roturiers.

FVrent presens Messire Louys, Chenalier sieur Chastelain de Niuerlay, d'vne part, & Pierre Aisné, & ayant le preciput du fief & seigneurie de Londe, releuant dudit Niuerlay, d'autre part. Disans que ledit sieur Chastelain faute de foy & hommage, droicts, & deuoirs, non faits & non payez, à cause de la mutation dudit fief de Londe par le decez de feu Adrian oncle dudit Pierre, il auroit fait saisir ledit fief, & entendoit faire les fruicts siens : pour quoy éuiter & auoir main-leuée, ledit Pierre auroit offert faire la foy & hommage audit sieur Chastelain suiuant la Coustume des lieux, & de luy payer les droicts & deuoirs deubs à cause de ladite mutation, & auroit requis led. sieur Chastelain de receuoir ses offres, ce que ledit Chastelain auroit refusé pour le regard de ladite foy & hommage ; soustenant qu'elle se deuoit faire tant par ledit Pierre que ses freres & sœurs ses coheritiers ensemble qu'il y a distinction qu'entre nobles, il est vray qu'il y a droict de partage, l'aisné peut faire la foy pour les puisnez, mais non entre roturiers, que tous deuoient venir en personnes, & non pas mesme par Procureur, que la foy ne se diuise

point, & iufques à ce qu'il entendoit tenir le
total dudit fief faifi, & faire les fruicts fiens
entierement. Repliqué par ledit Pierre qu'il
luy eftoit impoffible de faire faire ladite foy &
hommage à prefent par fefdits freres & fœurs:
qu'en tout cas il n'eftoit pas raifonnable qu'à
fon efgard, luy qui eftoit preft de faire fon deuoir, & de payer tous les droits, ladite faifie
tint, que la confequence pouuoit eftre grande,
que le feigneur de fief ne veut pas dire cela
dudit fieur Chaftelain, s'entendroit auec
l'vn des heritiers, iouyroit ainfi de tous les
fruicts, tant de celuy qui fe met en fon deuoir, que des defaillans, ce qui ne feroit iufte, fauf correction, fur quoy les parties eftoiét
preftes d'entrer en procez, pour à quoy obuier de l'aduis & confeil de noble homme Ad-
uocat, ont fait & accordé ce qui enfuit, fçauoir que ledit Pierre fe tranfportera au deuant de la principale porte du Chafteau & ma-
noir dudit Niuerlay, & illec en deuoir de vaffal, & fuiuant la couftume du lieu il fera la
foy & hommage qu'il eft tenu faire dudit fief
de Londe pour fon preciput, & ce qui luy en
appartient, & en fournira acte en bonne & deuë
forme audit fieur Chaftelain dans le mois, &
cependant, & iufques à ce, ladite faifie tiendra & fera les fruicts fiens, & lors du iour que
ladite foy & hommage auront efté bien &
deuëment faits, comme dit eft, ledit Pierre aura main-leuée à fon efgard, de la faifie dudit
fief comme dés à prefent ledit fieur Chafte-

lain luy accorde icelle , & moyennant ce ,
les parties ont conuenu & accordé enſemble pour les droicts , à cauſe de ladite mutation & fruicts dudit fief depuis la ſaiſie iuſques
audit temps, le tout pour le preciput , & ce qui
en appartient ſeulement audit Pierre , enſemble , pour les frais de ladite ſaiſie à la ſomme
de cinq cens liures que ledit ſieur Chaſtelain
a preſentement receuë , dont , &c. ſans preiudice des fruicts , qui faute de ſatisfaire , pourroient eſcheoir apres ledit mois , & pour le regard de ſes freres & ſœurs , ladite ſaiſie & effect d'icelle tiendra pour leurs portions dudit
fief , iuſques à ce qu'ils & chacun d'eux ait
ſatisfait , ſuiuant la Couſtume.

Pour raiſon d'vn droict de relief , ou rachat feodal d'vne terre noble.

FVrent preſens Meſſire Philippes , Cheualier ſieur de Dilly , d'vne part , & Hercules , Eſcuyer ſieur de Bol d'autre part. Diſans
& reconnoiſſans les parties que par le decez
de feu Euſtache , viuant Eſcuyer ſieur dudit
Bol, couſin dudit Hercules , & par le partage
fait de ſes biens entre ſes heritiers ſeroit aduenu & eſcheu audit Hercules led. fief & ſeigneurie dudit Bol, releuant en plein fief, foy & hommage de ladite ſeigneurie de Dilly , à cauſe de
laquelle muration eſt deub audit ſieur de

Dilly, droict de relief ou rachat, qui consiste aux fruicts & reuenus d'vne année, suiuant la Coustume du lieu, & entendoit ledit sieur Dilly prendre & leuer la dépoüille & les droits dudit fief de Bol, la presente année offrant de rembourser le Fermier de ses labeurs & semences, à quoy disoit ledit Hercules que la demande dudit sieur de Dilly n'estoit pas, sauf correction, raisonnable pour plusieurs raisons, sçauoir que la Coustume qui a accordé ce profit de fief au seigneur dominant, n'a eu intention d'empescher la libre disposition aux vassaux de leurs terres, & de les affermer, que la plus grande partie dudit fief estoit baillée à vn Fermier, lequel s'il estoit depossedé pretendroit de grands dommages & interests contre luy mesme, à cause de la fertilité de la presente année, qui le peut recompenser de la sterilité des precedentes, soustenoit que ledit sieur de Dilly se deuoit contenter de prendre la redeuance deuë par le Fermier suiuant ledit bail, que pour le regard du surplus dudit fief, il consistoit en vne piece de terre, bois de haute fustaye, prez & estang a poisson, estans alentour de la maison dudit fief le tout retenu & exploité par ledit Hercule, par ses mains offroit laisser audit sieur de Dilly la recolte de ladite terre & prés, & lieux pour la serrer, & quant à la maison, bois & estang à poisson luy payer la valeur du reuenu d'vne année, suiuant l'estimation sur le pied & à proportion du croist & peuple dudit bois & estang, si mieux n'aimoit ledit sieur de

Dilly, prendre pour tout ledit surplus la somme de trois cens liures qui eſt plus que ſon
droiⅽt ne pouuoit monter : Repliqué par ledit
ſieur de Dilly, que le bail à ferme eſtoit fait
en fraude de ſes droiⅽts, ſur l'intention que ledit defunⅽt auoit de vendre ſon fief, de fait,
qu'il auoit deſiré pluſieursfois compoſer des
droiⅽts de ladite vente auec luy ſieur de Dilly,
ſouſtenu au contraire par ledit Hercules, que le
bail auoit eſté fait de bonne foy, non ſuſpeⅽt
de fraude fait par ledit defunⅽt Euſtache qui ne
penſoit pas à cette mutation, que tant s'en
faut, vn homme mourant n'a autre penſée
qu'à la décharge de ſa conſcience, & qu'il n'a
iamais eu connoiſſance que ledit defunⅽt ait eu
volonté de vendre ledit fief qu'à toute extre-
mité ledit ſieur de Dilly ne denoit profiter de
la fertilité de la preſente année, & falloit en venir à vne eualuation de dix années vne commune. Sur leſquelles conteſtations ſeroit interuenu Sentence du Bailly, par laquelle eſt
dit que priſée & eualuation ſera faite par gens,
à ce connoiſſans dont les parties conuien-
droient d'vne année commune de ſix, du reuenu de tout ledit fief, & la valeur d'icelle
payée audit de Dilly pour ſondit droiⅽt de relief ſans deſpens. En execution de laquelle
Sentence, les parties auroient conuenu d'experts de part & d'autre, mais preuoyans nou-
ueaux differends ſur ladite priſée & ſuite d'i-
celle elles ont par l'aduis de leur conſeil, afin
de conſeruer la paix & bonne intelligence,

traité & acccordé ainsi qu'il ensuit , sçauoir
que ledit sieur de Dilly a remis & quitté , re-
met, & quitte par ces presentes audit Hercules ledit droict de rachat ou relief à luy appartenant à cause de la mutation cy-dessus dudit
fief de Bol aduenu audit Hercules par le decez
& succession dudit defunct Eustache son oncle, & par le partage fait auec ses coheritiers,
tant de ce qui est baillé à ferme par le bail sus-
datté , que de ce qui est exploicté par les mains
dudit Hercules , & de tout ce qui dépend d'iceluy fief, le tout pour & moyennant la somme
de deux mil liures tournois , sçauoir pour ce
qui est baillé à ferme la somme de quinze c.
cinquante liures , qui est dudit bail , laquelle
somme ledit sieur de Dilly prendra & receura
par les mains dudit Fermier au iour S. Martin
d'hyuer prochain , & que ledit Hercules luy
promet garantir & faire valoir , & la somme
de quatre cens cinquante liures pour ce qui est
retenu & exploicté par les mains dudit Hercules , & pour tout le surplus dudit fief, laquelle
somme a esté payée comptant , & à ce moyen
demeurent les parties hors de cour & de procez, sans despens, dommages & interests de
part & d'autre, &c.

Pour raison des hypoteques d'vn fief tombé en commise.

FVrent presens la Dame vefue de A. viuant Escuyer seign. Chastelain de Cotte en son nom, & comme tutrice des enfans mineurs dudit defunct & d'elle, d'vne part, la vefue B. Escuyer sieur de Tude, releuant dud. costé creácier dud. defunct B. son mary, d'autre part, C. & D. tous creáciers d'iceluy defunt B encore d'autre, lesquelles parties estoient en procez pour raison des debtes & hypoteques, que lesdites vefues B. & creanciers pretendoient sur ledit fief de Tude, & ladite Dame A. pretendoit, au contraire, disant que pour raison de l'assassinat commis par ledit feu B. en la personne dudit A. son mary, ledit B. a esté par Sentence du Seneschal condamné à la mort, & ordonné que lad. seigneurie de Tude seroit reunie & incorporée au fief dominant qui est ladite Chastelenie de Cotte par droit de commise & de reuersion, de laquelle Sentence n'y auroit eu appel : & en consequence d'icelle, auroit ladite Dame A. iouy & possedé ledit fief de Tude pendant trois ans sans inquietation ny contredit, que la nature du fief seruant est vne concession liberale du seigneur dominant, à la charge de la foy,

fidelité & hommage du vaſſal, lequel ne le
poſſede, & n'en eſt proprietaire que ſous condition, & à la charge de la commiſe, le cas aduenant, que ſi le vaſſal par ſa felonnie perd ſon
fief, les hypoteques qui ne ſont qu'acceſſoires,
ſe perdent que par la commune vſance aduenant ouuerture de fief, & à faute de droicts &
deuoirs, le ſeigneur de fief iouyſſoit à l'excluſi-
ſion de tous creanciers, tant priuilegiez fuſſent
ils : que la nature du fief & pluſieurs Arreſts de
la Cour confirment la reuerſion à cauſe de la
commiſe ſans aucune charge ny hypoteque,
ioint le doute deſdites debtes poſſible acquitées. A quoy de la part deſdites vefue B. & creáciers eſtoit dit que l'intention de ladite Sentence n'eſtoit pas de les exclure des debtes, hypoteques & pretentions qu'ils auoient ſur ledit
fief de Tude, ains que l'adiudication dudit fief
ſe deuoit entendre, à la charge & ſans preiudice d'icelles, que ladite vefue B. eſtoit crean-
ciere pour ſes deniers dotaux, doüaire & conuentions de mariage, debtes conſiderables, &
leſdits C. & D. eſtoient creanciers legitimes
de notables ſommes, que s'ils n'euſſent preſté
& ſubuenu audit B. il euſt eſté contraint de
vendre ou laiſſer vendre par decret ledit fief
de Tude qui eſtoit ſaiſi & preſt à adiuger, que
ſi ledit fief euſt eſté vendu dés lors, ladite Dame A. ne l'auroit pas eu & n'auroient les parties à preſent conteſtation, qu'il n'eſt pas raiſonnable que ladite Dame profite de la conſer-
uation que leſdits creanciers ont faite dudit
fie

fief par l'acquit des debtes qui estoient creées
sur iceluy, que l'on ne peut pas dire que lesdites debtes ayent esté faites en fraude du seigneur dominant, & ne pensoit-on à rien moins
qu'à la felonnie, affirmans lesdites debtes loya-
les, & qu'elles sont encore à present entierement deuës : que ledit fief n'estoit pas de condition reuersible comme aucuns autres sont
par la conuention du contract d'infeodation
emphiteox & adueus, lequel cas est la vraye &
naturelle reünion & consolidation du fief seruant au dominant sans aucune charge, ains
estoit le bien proprietaire de patrimoine dudit B. dont luy & ses predecesseurs pouuoient
disposer, vendre & engager, que tous delits
sont personels, que quand le fief tombe en cô-
mise, c'est au mesme estat & mesmes charges,
ausquelles il est subiet lors de la commise, &
la commise du fief ne s'entend que du droict
que le vassal a au fief, lors qu'il commet la felonnie & ingratitude, que cela regarde le bien
public, la liberté, l'humaine societé, conuer-
sation, & negociation de la noblesse, qui n'a
autres biens que des fiefs, & auec laquelle nul
ne voudroit, ny pourroit seurement contra-
cter, que cette condition seroit pire que la
substitution, qui ne priue pas de la legitime,
que les plus grandes maisons du Royaume s'y
opposeroient, donc ladite Dame A. n'estant
que particuliere successeure du fief à cause de
la commise & non par conuention, les creanciers ayans hypotequé, peuuent agir contr'el-

I

le , ainſi que contre vn tiers detempreur, Repliqué par ladite Dame A. ſur le dire deſdits
creanciers , que ſi ledit fief euſt eſté vendu, elle n'en euſt profité , il eſt vray , mais auſſi eſt
il veritable que ſi ledit B. l'euſt eu vendu ſon
mary ne ſeroit pas mort,parce que ç'a eſté la
cauſe du fief, & la denegation de ſon ſeigneur;
la felonnie & ingratitude qui l'ont porté à
l'aſſaſſinat, tant y a que les choſes ſe trouuent
en cet eſtat, dit plus,qu'il y a autres biens,auſ-
quels leſdits creanciers ſe peuuent plus profita-
blement addreſſer. Sur leſquelles conteſtations
les parties eſtoient en terme d'entrer en grande inuolution de procez, & deſirans l'obuier
& éuiter aux grands frais & vexation; elles ont
par l'aduis de leur conſeil, traité & tranſigé
enſemble à l'amiable , en la forme & maniere
qui enſuit , c'eſt à ſçauoir que ladite Dame
veſue A. eſt demeurée d'accord par ces preſentes, que ledit fief & ſeigneurie de Tude
ſoit & demeure affecté & hypotequé au payement du dot , doüaire & conuentions de ladite
veſue b. & aux debtes hypotequaires deuës legitimement auſdits creanciers , tant en principal que intereſts & deſpens du paſſé , iuſques à
ce iourd'huy ſeulement, ſur lequel fief ils ſe
pouruoiront apres , toutesfois que ladite veuf-
ue b. & creanciers auront fait vendre , diſcuter, & fait l'ordre des deniers d'vne maiſon
ſize à Paris , autre grande maiſon à Orleans,
deux mil liures de rente ſur le Clergé, & cinq
cens liures de rente ſur le ſel , & autres biens,

qui ont appartenu audit defunct b. le tout de
bonne foy & sans fraude, & à cette fin, lesdits creanciers seront tenus aduertir & signifier
à ladite Dame A. les encheres, le temps &
lieu de la vente, discution & ordre, afin d'y
proposer ses interests, & conseruer ses droicts.
Pour ce fait, & en cas que les deniers proce-
dans desdites ventes ne soient suffisans pour
payer ladite vefue b. & creanciers, se pouruoir par eux pour le surplus qui en pourra rester sur ledit fief & seigneurie de Tude sans aucuns autres interests que iusques à ce iour, contre, & à l'esgard de ladite Dame A. ce qui a
esté stipulé & accepté par iceux creanciers,
declarant ladite vefue b. que ses dot, douaire,
& conuentions montent à la somme de, &c.
& lesdits autres creanciers sus-nommez, que
leurs debtes montent la somme de, &c. sçauoir, &c. le tout qu'ils iustifieront par bons &
valables contracts, & pieces, & s'en purge-
ront par serment, lors en temps & lieu, &
entre ladite vefue b. & creanciers sus nommez
est accordé qu'ils viendront en ordre sur tous
lesdits biens cy-dessus declarez selon les dattes, hypoteques, & priuileges de leurs debtes, contracts & obligations, & que ceux
desdits creanciers, vers lesquels ladite vefue b. est obligée, seront subrogez aux
lieux, droicts, & hypoteques d'icelle vefue b. pour prendre & receuoir leurs débtes
en son lieu, tant en principal que arrerages, & interests, escheus & qui escherront sur

tous lefdits biens iufques à la concurrence de
fa dot & cõuentions, fauf le recours de lad. vefue B. fur ledit fief de Tude, en cas que le refte
defdites maifons & rente ne fuffifent pour fon
actuel payement, & au moyen de ce les parties fe font mifes hors de cour & de procez,
fans defpens, dommages, ne interefts de part
& d'autre : car ainfi a efté accordé, &c. par
proteftation faite par ladite Dame A. en cas
qu'il y ait autres creanciers dudit defunct B.
que les fus-nommez, ils ne fe pourront preualoir en façon quelconque du prefent contract, lequel mefme fera & demeurera nul, &
refolu à l'efgard des comparans, fi bon fem-
ble à ladite Dame A. & defenfes, au contraire
domicile.

Penfion fur benefice depuis permuté fans charge d'icelle.

FVrent prefens, difcrette perfonne Maiftre Pierre cy deuant Prieur Curé de l'eglife faint Iean, Diocefe de &c. d'vne part, &
difcrete perfonne M. Iacques à prefent Prieur
Curé de ladite eglife, d'autre part. Difans, fçauoir ledit Pierre, que cy-deuant il a refigné ledit Prieuré Cure en faueur de Maiftre Nicolas,
à la charge & referue de fix cens liures de pé-
fion annuelle fur les fruicts & reuenus dudit

beneficé la vie durant dudit Pierre, laquelle
pension a esté bien & deuëmét creée & ho mo-
loguée en Cour de Rome , par Lettres valables & autentiques, & icelle payée & conti-
nuée audit Pierre, tant par ledit Nicolas, que
par Michel son resignataire , pendant dix-
huict ans, & iusques au iour de Noël 1647.
que ledit payement a cessé, ce qui auroit dô-
né suiet audit Pierre de faire saisir & arrester
les fruicts & reuenus dudit benefice, & s'estant
ledit Iacques opposé à ladite saisie, ledit Pierre
luy auroit communiqué , & baillé copie de ses
Lettres & signature de creation de ladite pension, promesse & tiltre nouuel d'icellé passez
par lesdits Nicolas & Michel, concluoit à ce
que ledit Iacques fust tenu & condamné luy
payer & continuer ladite pension, si mieux il
n'aimoit luy rendre & retroceder ledit benefice, à quoy par ledit Iacques estoit dit qu'il
estoit pourueu, & titulaire dudit benefice de
bonne foy , pour cause de permutation faite
entre luy & ledit Michel, auquel il auoit resi-
gné par eschange le Doyenné de Leuz, que
par le concordat & prouision ledit Prieuré Cure n'estoit chargé d'aucune pension, qu'il e-
stoit bien & canoniquement pourueu en Cour
de Rome , purement & simplement, tenoit
ledit benefice de nostre sainct Pere le Pape, ne
deuoit rien de ladite pension , que ledit Pierre
ne faisoit aucun seruice à l'Eglise n'estoit raisonnable qu'il profitast des biens d'icelle, que
c'estoit espece de simonie, en tout cas deuoit

ledit Pierre prendre son recours, si bon luy
sembloit contre son resignataire, & non contre luy. Repliqué par ledit Pierre, que ledit
Iacques pourueu par resignation dudit Michel est tenu de ses faits, comme tenant le benefice de luy, que quand bien mesme il auroit
esté pourueu *per obitum*, il en seroit tenu sur
les fruicts du Prieuré, benefice simple, non
suiet à charge d'ames, & qui est separable d'a-
uec la Cure, qu'il ne seroit pas iuste que la
fraude le priuast de ses alimens, que ledit Iacques a tort de dire ce mot de simonie, que
les pensions sont de constitution canonique
afin que le beneficier vieil & caduque, comme
est ledit Pierre, & lequel ne peut plus vaquer
au ministere ecclesiastique, au moyen de se
nourrir & alimenter en vieillesse, & ne soit
contraint de mandier, qu'il n'est tenu s'adres-
ser au resignataire, ains directement aux
fruicts de son benefice : sur laquelle contestation seroit interuenu Arrest de la Cour, par
lequel ledit Iacques est condamné payer &
continuer ladite pension de six cens liures aud.
Pierre sa vie durant si tant ledit Iacques est
titulaire dudit benefice, à l'execution duquel
Arrest ledit Iacques se seroit opposé, & pour
causes d'oppositions, alleguoit qu'en tout cas
ladite pension estoit excessiue, qu'à peine re-
stoit-il sa portion congruë, requeroit la Cour
de la reduire au tiers du reuenu suiuant la regle, qu'il estoit necessaire & important pour
l'honneur de l'Eglise, qu'vn Prestre, vn Curé

euſt moyen de ſe maintenir honneſtement,
requerroit auſſi la Cour de luy deliurer Com-
miſſion pour aſſigner en icelle ledit Michel
ſon reſignataire, afin de recours & repetition de ladite penſion ſur ledit Doyenné, ſouſtenu par ledit Pierre, que leſdits Prieuré &
Cure vnis valoient enſemble plus de 1200.
liures de reuenu. Or deſirans les parties
vuider & terminer ledit procez, elles ont par
l'aduis de leur conſeil & amis traité & accordé ainſi qu'il enſuit, c'eſt à ſçauoir, que ledit Pierre a remis, moderé & reduit leſdites
ſix cens liures, à cinq cens liures de penſion
par chacun an la vie durant dudit Pierre,
ſi tant ledit Iacques eſt poſſeſſeur dudit benefice, payable aux termes ſainct Iean Baptiſte & Noël, à commencer dudit iour de
Noël 1647. dont le premier payement eſt,
eſcheu au iour ſainct Iean Baptiſte dernier
& le ſecond eſcherra au iour de Noël prochain, & continuer, à quoy les fruicts &
reuenus dudit Prieuré Cure de ſainct Iean
ſont & demeurent par preference & hypoteque ſpecial & priuilege, chargez, affectez, & hypotequez, & generalement, &c.
& ne pourra ledit Iacques ſe demettre &
quitter le Prieuré Cure par permutation, reſignation ou autrement, qu'à la
charge de ladite penſion viagere, ſauf audit Iacques à repeter & auoir ſon recours
pour les arrerages de ladite penſion eſcheus
& à eſcheoir contre ledit Michel & ſes biens,

& fpecialement fur les fruicts & reuenus dudit Doyenné, & autrement fe pouruoir pour raifon de ce, ainfi qu'il aduifera, & à cette fin ledit Pierre l'a mis & fubrogé en fon lieu, droits, noms, raifons & actions, fans toutefois aucune garantie, reftitution de deniers, ny recours quelconque, en quelque forte & maniere que ce foit, & au moyen de ce les parties fe font mifes hors de cour & de procez, fans defpens, dommages ne interefts de part & d'autre.

Sur la confidence d'vn Benefice.

FVrent prefens A. Clerc du Diocefe de Paris, d'vne part, B. & Meffire Cheualier d'autre part. Difans les parties qu'elles font en procez pardeuant Noffeigneurs du grand Confeil, pour raifon de la maintenuë du Prieuré de faint Boniface, Diocefe de Meaux, dont ledit A. a efté pourueu par deuolut fur ledit B. fouftenoit ledit A. que ledit Prieuré eftoit tenu par ledit B. comme confidentiaire dudit fieur Cheualier, & que cette confidence eftoit pleinement iuftifiée, en ce que ledit B. auoit roufiours efté domeftique dudit Cheualier, Precepteur de fes enfans, que led. Prieuré auoit efté poffedé auparauant par le feu fieur Cheualier fon oncle, que ledit fieur

Cheualier comparant, auoit fait expedier les prouifions en Cour de Rome icelles, receuës, & auoit efcrit & figné fur le liure du banquier: en fuite a fait les baux à ferme du reuenu dudit Prieuré, receu les deniers des Fermiers, & baillé les quitrances, auoit efté nommé Procureur par ledit B. pour refigner ledit Prieuré en faueur de telle perfonne que l'on luy fembleroit remplir au blanc. Fait autres actes, fe faifant fort du Prieur, autres efquels il eftoit obligé en fon nom, pour raifon du reuenu dudit Prieuré; que tous ces actes eftoient vne certaine & ample preuue de la confidence, & qu'il en fuffiroit de la moitié, voire de moins, confideré le commerce trop frequent & notoire en Fráce en cette matiere de benefice, furquoy par lefdits B. & Cheualier, eftoit dit qu'il n'y auoit aucune confidence, qu'il eftoit bien veritable, que ledit fieur Cheualier s'eftoit entremis, & auoit employé fon credit & faueur pour faire obtenir ledit benefice audit B. auoit accepté fes procurations, & pris beaucoup de peine pour luy: mais que ledit fieur Cheualier n'auoit iamais eu intention d'en profiter, comme de fait, il n'en auoit iamais profité d'aucune chofe, que luy B. eftoit gradué capable de tenir benefice, & auoit efté pourueu dudit benefice, deuëment & canoniquement felon les faints decrets & conftitutions de l'Eglife. Sur lefquelles conteftations, feroit interuenu Sentence de Monfieur le Preuoft de Paris, par laquelle a efté dit, que ledit A. eftoit bien fon-

dé au deuolut, & de fait a esté maintenu audit
Prieuré, & en consequence les fruicts pris par
ledit Cheualier ont esté affectez partie aux re-
parations de l'Eglise dudit Prieuré, & basti-
mens en dependans, partie aux pauures de
l'Hospital de Meaux, & l'autre à l'Hostel-
Dieu de Paris, à la restitution desquels lesdits
B. & Cheualier, seroient solidairement con-
traints, de laquelle Sentence iceux B. & Cheualier, se seroient portez pour appellans, &
l'appel releué en la Cour de Parlement, &
apres auoir pris conseil, & desirans euiter à
plus grands procez, frais & vexation, les parties ont par l'aduis de leurs Aduocats & amis
transigé, & accordé ensemble, ainsi qu'il ensuit, sçauoir que ledit B. en consequence de
ladite Sentence, a consenty & accordé, que
ledit A. soit maintenu & gardé en la pleine &
reelle possession & iouyssance dudit Prieuré
de sainct Boniface, fruicts, reuenus & emolumens d'iceluy, depuis la demande & contestation meuë entr'eux pour raison de ce & a
acquiescé pour ce regard à ladite Sentence,
sans neantmoins aucune restitution de fruicts
du passé, ce que ledit A. entant qu'à luy est,
& que faire le peut, a consenty & accordé,
& au surplus les parties se sont mises hors de
cour & de procez sans aucuns despens, dommages ne interests d'vne part & d'autre, &
pour la plus grande validité du present contract, les parties ont voulu & consenty
qu'il soit homologué par Arrest de la Cour

de Parlement, & pour ce faire & requerir elles ont fait & constitué leur Procureur le porteur, &c.

CE contract sert pour le monstrer au lieu d'vn Arrest, & n'empesche pas que l'Arrest d'homologation n'ordonne des fruicts precedans, & les oste à la confidence à cause du vice & abus, & de condamner en l'amende, ainsi qu'il luy plaist.

Sur vn differend en matiere feodale.

FVrent presens A. &c. heritier de defunct Abraham son oncle, qui estoit heritier par benefice d'inuentaire de defunt François, viuant sieur de Marsy, d'vne part, & C. &c. heritier de feu Pierre encore d'autre : lesquelles parties estoient en procez sur ce que ledit A. ayant descouuert par ses tiltres & Registres, qu'à luy appartient le fief de Caigny, releuant de ladite Seigneurie de Marsy, & qu'aupatauant le decez dudit feu Abraham son oncle, ledit feu François auoit fait saisir ledit fief à faute d'honneur, droicts & deuoirs, non faits & non

payez incontinent apres, laquelle saisie ledit
Abraham seroit decedé, & auroit ledit A.
appris que ledit François se seroit mis en possession dudit fief, & baillé & cedé à rente
perpetuelle les heritages d'iceluy audit defunt
Pierre moyennant six-vingts liures de rente &
& trente sols de cens & surcens, au mois de
Iuin 1649. il se seroit presenté audit A. Seign.
dominant pour luy faire la foy & hommage,
auec offre de luy payer ses droicts, & demandoit main-leuée de ladite saisie, ce que ledit
B. a refusé faire, dont de tout ledit A. auroit
pris actes, & se seroit rendu opposant à icelle
saisie, & en vertu de son Committimus auroit
fait appeller ledit B. aux Requestes du Palais
pour proceder sur ladite opposition, & pareillement ledit C. derempreur des heritages dudit
fief, afin qu'il soit dit que la main-leuée qu'il
obtiendra al'encontre dudit B. sera executée
contre ledit C. & en ce faisant qu'il vuidera
desdits heritages, & les delaissera audit A. à
quoy par ledit B. estoit dit qu'aux defauts susdits il auoit peu entrer dans ledit fief, & disposer d'iceluy, & de partie & portion, ioint
que ledit A. est non receuable apres trente-
cinq ans que la possession & iouyssance auoit
continné entre presens, aagez & non priuilegiez, que quand le vassal dort le Seigneur veille, & ledit sieur C. disoit qu'il estoit possesseur & proprietaire de bonne foy, que ledit
defunct Pierre son pere auoit acquis lesdits heritages dudit fief par bon & autentique con-

tract, que sondit pere & luy ont iouy & possedé iceux paisiblement & sans inquietation
pendant trente-deux ans continuels, en la presence dudit A. & de ses predecesseurs aagez &
non priuilegiez, que s'il se trouue quelque defaut & coulpe, cela ne prouenoit point de luy
ny dudit defunct son pere, qu'il doit demeurer
paisible possesseur & proprietaire desdits heritages suiuant ses contracts, protestoit de tous
despens, dommages & interests. Repliqué par
ledit A. qu'il est constant que ledit B. n'a entré
en son fief, & disposé d'iceluy, que audit defaut d'homme, droicts & deuoirs non faits, &
non payez, que la Coustume porte, que tant
que le vassal dort le Seigneur veille, c'est à
dire, que le Seigneur fait les fruicts siens, iusques à ce que le vassal soit eueillé, & ait fait son
deuoir, & non plus auant: d'ailleurs, que ladite Coustume enioint au Seigneur de renou-
ueler sa saisie de trois en trois ans, & par consequent luy defend de disposer de la proprieté,
que cette saisie renouuellée est vne proclama-
tion pour appeller les interessez, que si ledit
B. y eust satisfait, il n'eust pas si long-temps
iouy dudit fief, qu'il l'a cessée en fraude, partant qu'il est tenu & obligé de rendre les fruits
des années qui ont couru apres les premiers
trois ans, ioint que ledit A. a esté long-temps
absent, & a suiuy les armées du Roy, soustе-
nant au surplus que quelque prescription de
temps qu'il y ait de cent, mesme de 500. ans,
le Seigneur est tenu receuoir son vassal à hom-

me , & luy rendre fon fief , en luy payant les droicts & deuoirs, fuffifant au vaffal de monftrer qu'il a efté autrefois proprietaire, confideré la nature du fief , & l'authorité du Seigneur dominant. Sur lefquelles conteftations feroit interuenu Sentence adiudicatiue des conclufions dudit **A** fauf audit **C.** fon recours contre ledit **B.** pour fes dommages & interefts fans défpens , dont lefdits **b.** & **C.** fe feroient portez pour appellans , & l'appel , releué à la Cour , & defirans les parties terminer ledit procez à l'amiable , pour euiter à plus grande vexation & frais , elles ont par l'aduis de leur confeil , traité & accordé ainfi qu'il enfuit , c'eft à fçauoir , que ledit **b.** a par ces préfentes , rendu , remis & delaiffé audit **A.** ce acceptant ledit fief de Caigny , circonftances & dependances d'iceluy , à l'exception defd. heritages baillez à rente audit defunct pere dudit **C.** au lieu defquels ledit **A.** iouyra defdits fix-vingts liures de rente , & 30. fols de cens & furcens, à commencer la iouyffance dudit fief, rente , & redeuance par ledit **A.** du iout fainct Remy dernier paffé en auant & à toufiours, & en faire & difpofer par luy, fes hoirs & ayans caufé, comme de leur propre chofe & vray heritage, & quant aux fruicts & reuenus precedans pretédus par led.**A.** en a efté compofé à la fomme de mil liu. que ledit **B.** luy payera dans , &c. ce faifant ledit **B.** apres que ledit **A.** s'eft mis en deuoir de vaffal, l'a prefentement receu & reçoit à foy & hô-

mage dudit fief & dependance, & luy a remis &
quitté les droicts pour ce deubs pour cette fois
outre ladite somme, & ponr le regard dudit
C. ledit A. a consenty & accordé qu'il soit
maintenu & demeure proprietaire desdits heritages dependans dudit fief baillez & cedez
audit defunct son pere par ledit defunct François, pour en faire & disposer par luy, ses hoirs
& ayans cause, comme de leur propre chose,
moyennant lesdits six-vingts liures de rente, &
trente sols de cens & surcens, portans lots,
ventes, defauts, saisines & amendes quand le
cas escherra, laquelle rente & redeuance ledit C. a promis bailler, payer & continuer audit A. par chaçun an à tousiours, perpetuelle-
ment & non rachetable, sçauoir lesdits six-
vingts liures de rente à deux termes, & ladite
redeuance au iour sainct Remy, en, & sur
lesdits heritages qui en demeurent par priuilege & preference special, chargez, affectez &
hypotequez, & generalement tous ses autres
biens, &c. le tout suiuant & conformément
audit contract de bail & prise à rente, sus-
datté, & moyennant ce, les parties sont hors
de cout de procez sans aucuns despens, dommages ne interests d'vne part & d'autre, car
ainsi, &c.

*Pour raison de l'hypoteque sur l'herita-
ge retiré par puissance de fief.*

FVrent presens A. escuyer sieur & Baron,
&c. d'vne part, & B. bourgeois de Paris, d'autre part. Disans & reconnoissans les
parties, que par contract du, &c. ledit b. a
vendu & delaissé à Simon & a sa femme vne
ferme & heritage estans en la censiue dudit A.
à cause de sadite baronnie, moyennant la
somme de huict mil liures, dont fut payé cóm-
ptant moitié, & pour l'autre moitié lesdits Simon & sa femme luy auroient par contract du
mesme iour passé pardeuant les mesmes Notaires, creé & constitué deux cens vingt-deux
liures de rente à la garantie & payement de
laquelle auroit esté expressément stipulé, que
ladite ferme & heritage seroient & demeureroient par preference & priuilege special affectez & hypotequez, plus disoit ledit b. qu'il
estoit encore creancier desdits Simon & sa femme de deux cens liures de rente, pour laquelle
il estoit interuenu caution solidairement pour
eux enuers Pierre par contract du, &c. auquel
ledit b, pour se liberer auroit esté contraint de
rembourser ladite rente, qu'ayant ledit A. veu
& sceu ladite vente d'icelle ferme par la pre-
sentation du contract à luy apporté pour ensai-
siner,

finer, il auroit retenu par puissance de fief ladite ferme & heritage, comme il luy est permis par la Coustume du lieu, & remboursé ledit Simon & sa femme desdites huict mil liu.
& de leurs frais & loyaux cousts, ainsi qu'il appert par contract du, &c. ce que ledit B. ayant
depuis peu appris, il auroit intenté action per-
sonnelle & hypotequaire pour reconnoistre
lesdites deux rentes preference & priuilege de
celle prouenuë de la vente de ladite ferme, à
quoy ledit sieur A. pour deffenses soustenoit
que ledit B. estoit non receuable & mal fondé.
En premier lieu, à l'esgard de ladite rente de
deux cens vingt-deux liures pretenduë priuile-
giée que ledit B. ne pouuoit pretendre nul hypoteque sur ladite ferme, dautant que le contract ne porte constitution de ladite rente, ains
que c'est vne pure vendition pour vn prix certain receu comptant, qu'il a suiuy ledit contract, & n'a point manqué en remboursant la
somme y contenuë, que le contract qui porte
constitution de la rente est vne contrelettre
dont il n'a eu connoissance, aussi n'estoit-il
tenu de s'en enquerir, & pouuoit-elle estre
plustost arguée de fraude, que d'estre creuë veritable, que cela a esté ainsi iugé au retraict
lignager par plusieurs Arrests. Quant à l'autre
rente de deux cens liures, elle a esté creée a-
uant ledit contract de vente, partant l'on ne
pouuoit lors dire que ladite ferme fust affectée
à icelle: de plus que ledit B. n'en auroit fait le
remboursement, qu'apres iceluy contract de

K

vente, & ainsi ne pouuoit pretendre hypoteque sur icelle ferme. Repliqué par ledit B. que
ladite ferme est son bien, & qu'en la vendant,
il auoit stipulé ladite rente pour partie du prix,
qu'elle tient lieu de l'heritage, que pour icelle
ledit Simon & sa femme auoient specialement
obligé & hypotequé l'heritage, lequel aussi
luy estoit assez affecté par le priuilege qu'il y
auoit, que ledit A. estoit subrogé en leur lieu,
& n'auoit pas plus de droict qu'eux; à l'esgard
de l'autre rente ledit Simon & sa femme y a-
uoient obligé & hypotequé tous leurs biens presens & aduenir, & partant ladite ferme par
eux depuis acquise y estoit obligée, qu'en
remboursant icelle audit Pierre il auoit esté
subrogé en son lieu, droicts & hypoteques, ainsi
qu'il appert par l'acte dudit remboursement:
d'ailleurs que par le contract de vente de ladite ferme est dit, sans preiudice de l'indemnité
passée par ledit Simon & sa femme audit B.
pour raison desdits deux cens liures de rente,
& quant à ce ledit A. ne l'a peu ignorer. Sur
lesquelles contestations les parties estoient en
voye d'entrer en grande inuolution de procez,
pour lequel terminer à l'amiable, elles auroient passé compromis, & conuenu de personnes, de Nobles hommes Aduocats en la
Cour: de l'aduis desquels elles ont transigé,
traité & accordé ainsi qu'il ensuit, c'est à sçauoir, que ladite ferme & heritages seront &
demeureront quittes, liberez & deschargez
desdites deux cens vingt-deux liures de ren-

re', portez & conſtituez par ladite contre-lettre, garantie & hypoteque, enſemble des arrerages d'iceux, ſans que iamais ledit B. puiſſe
troubler ne inquieter ledit A. en la proprieté &
iouyſſance d'icelle ferme, mais auſſi ſera & demeurera ladite ferme & heritage, affectez &
hypotequez à l'autre rente de deux cens liures
& garantie d'icelle, tant en principal que arrerages, enſemble aux arrerages d'icelle rente,
que ledit B a rembourſez audit Pierre, deubs
& eſcheus depuis le, &c. iuſques à preſent, &
qui d'oreſnauant eſcherront : Tout ce que deſſus, conſenty & accordé par leſdits A. B reſ-
pectiuement, ce faiſant ledit ſieur A. a promis
& s'eſt obligé payer & continuer leſdites deux
cens liures de rente audit B. à tels iours
& lieux meſmes luy bailler & payer tous leſdits arrerages eſcheus iuſques à ce iourd'huy,
montans à la ſomme de, &c. dans ſix mois
prochains, par condition, que ſi ledit A. eſtoit
troublé & inquieté par autres creanciers deſdits Simon & ſa femme anterieurs audit B. &
audit A. & que l'ordre de priorité & hypoteque doiue eſtre gardé entre tous, en ce cas lad.
rente de deux cens liures & arrerages, ou partie ſeront payez par ledit A. ſoit audit B. ou
auſdits creanciers ſuiuant leur collocation, ce
faiſant, il en demeurera deſchargé, & pourra
ledit B. ſe faire colloquer en ſon ordre à l'eſ-
gard deſdits autres creanciers pour ladite rente de deux cens 22. liures & arrerages d'icelle
portée en ladite contre-lettre, le tout ſauf &

fans preiudice aufdits A. & B. de leur recours
& repetition pour le regard defdites deux rentes & arrerages cy-deſſus declarez à l'encontre
defdits Simon & ſa femme & de leurs autres
biens meubles & immeubles, pour à quoy par-
uenir a eſté conuenu en conſideration du preſent contract que ledit B. prendra la peine &
le ſoin de diligemment faire & ſaiſir & arreſter, crier, vendre & decreter leſdits biens ſans
en pretendre recompenſe contre ledit A. &
viendront à conrtibution ſur les choſes mobilieres ; & ſur les immeubles ſelon l'ordre de
leurs hypoteques, & aduancera ledit B. les
frais qu'il conuiendra, dont il ſera rembourſé
ſur la choſe. Car ainſi, &c.

Sur ce qu'vn heritier par benefice d'in-uentaire a preiudicié à ſa qualité.

FVrent preſens Noble Seign. A. heritier par
benefice d'inuentaire dudit ſieur Comte,
d'vne part &b. & C. d'autre. Diſas les parties que
par contract du, &c. ledit Seign. a vendu &
promis garantir de tous troubles & empeſche-
mens quelſconques auſdit B. & C. la couppe
des bois de haute fuſtaye & taillis, enſemble
la peſche des eſtangs, moyennant la ſomme
de vingt mil liures que ledit Seigneur leur auroit chargé de payer à tels creanciers dudit ſieur

Comte, en consequence dequoy lesdits B. &
C, auroient payé ausdits creanciers la somme
de huict mil liures, & apres ayaus voulu coup-
per lesdits bois & pescher le poisson, ils y auroient esté empeschez par autres creanciers
precedans qui auroient fait saisir lesdits bois &
pesche , dont leurs debtes montent plus de
36000. liures. Autres auroient formé opposition, afin de distraire, laquelle saisie & oppositions , ils auroient denoncé audit Seigneur,
& conclud contre luy en son priué nom , tant
en principal que dommages & interests, voyages & seiour, frais & despens, surquoy ledit
Seigneur auroit excipé de la qualité en laquelle
il a contracté, & que les debtes demandées
sont deuës par le defunct, d'ailleurs que ladite
somme de 20000. liures pouuoit possible suffire pour l'acquit de tous, & que personne ne
peut pretendre distraction. Repliqué par ledit
B. & C. qu'encore qu'il ait pris la qualité d'heritier par benefice d'inuentaire, si est-ce qu'il
ne laisse d'estre obligé en son nom pour a-
uoir destiné ledit payement à certains creanciers posterieurs aux saisissans , qu'il auoit
passé les termes de sa qualité, & partant qu'il
doit estre reputé pour heritier simple à leur esgard, que cette destination peut estre compa-
rée au compromis qu'il n'auroit peu faire,
bien qu'en la qualité, sans payer la peine, & le
iugé en son nom, mesme au contract qu'il auroit fait sans prendre ladite qnalité , & ne de-
siroient lesdits *B.* & **C.** entrer en la discussion,

sur laquelle contestation les parties estoient en
voye d'entrer en procez, & desiran. l'obuier,
& a vexation & frais, elles ont par l'aduis de
leur conseil, traité & accordé ainsi qu'il ensuit,
c'est à sçauoir, que les parties se sont desistées
& departies dudit contract de vente qui demeure nul, ce faisant ledit Seigneur s'est soub-
mis & obligé en son propre & priué nom, rendre, bailler & payer ausdits B. & C. ladite somme de huict mil liures dans, &c. auec les interests depuis ledit iour 6. Mars qu'ils ont esté
demandez iusques à l'actuel payement, apres
que lesdits B. & C. ont iuré & affermé pardeuant lesdits Notaires qu'ils ont payé entierement ladite somme de huict mil liures sans aucune fraude directement ne indirectement, &
pour le regard des autres dommages & interests, voyages & seiour, frais & despens pre-
rendus par lesdits B. & C. ils s'addresseront
sur les biens dudit feu sieur Comte, sans que
le present contract puisse faire preiudice en
autre cause audit benefice d'inuentaire, & sauf
audit Seigneur son recours & reperition desd.
huict mil liures, contre lesdits creanciers qui les
ont receus.

FIN.

Extraict du Priuilege du Roy.

PAr grace & Priuilege du Roy, il eſt permis à GERVAIS CLOVZIER Marchand Libraire à Paris d'imprimer, vendre & diſtribuer vn liure intitulé, *L'Office & Practique des Notaires*, *augmenté de plus de la moitié par Eſtienne Corrozet Notaire au Chaſtelet de Paris*, & deffenſes ſont faites à tous Imprimeurs, Libraires, & autres perſonnes de quelque qualité & côditió qu'ils ſoient, d'imprimer, faire imprimer, vendre, diſtribuer ny extraire aucunes choſes dudit Liure ſans le conſentement dudit CLOVZIER, ſur peine de confiſcation des liures & exemplaires qui auront eſté mis en vente, au preiudice des preſentes, & de 1500. liures d'amende, moitié à nous, & l'autre audit CLOVZIER, & de tous dépens, dommages & intereſts, & ce durant le temps & terme de dix ans, à compter du iour qu'il ſera acheué d'imprimer, ainſi qu'il eſt porté plus amplement dans l'original. Donné à Paris, le 9. iour de Nouembre 1664., & de noſtre Regne le vingt deuxieſme, par le Roy en ſon Conſeil. Signé BOVCHARD.

Acheué d'imprimer pour la troiſiéme fois le deuxiéme iour de Ianuier 1665.

Les Exemplaires ont eſté fournis.

Regiſtrè au Liure de la Communauté le troiſieſme Decembre 1664. conformément à l'Arreſt de Parlement du 9. Avril 1653. Signé EDME MARTIN Syndic.